한국 행정관료의 혁신과
통일 준비

박길성   이종수   정창화

한국 행정관료의 혁신과
통일 준비

아시아

박태준미래전략연구총서를 펴내며

현재가 과거의 축적 위에 있듯 미래는 현재를 포함한 과거의 축적 위에 있게 된다. 과거와 현재가 미래의 상당한 실재를 담보하는 것이다. 다만, 소통의 수준에는 격차가 크다. '역사와의 대화'에서 확인할 수 있는 것처럼 현재가 과거와 소통하는 일은 선명한 이해를 이룰 수 있어도, 현재가 미래와 소통하는 일은 희미한 공감을 넘어서기 어렵다. 이른바 'ICT시대'라 불리는 21세기 '지금 여기'서는 더욱 그러하다. 현란하고 다양한 현재의 상상력들이 서로 융합하고 충돌하면서 예측불허의 창조적 조화를 생성하기 때문이다. 그러나 그것이 인간 또는 인간사회의 어떤 근원적인 문제를 해결할 수는 없다.

나는 어디서 와서 어디로 가는가? 어떻게 살아야 인간답게 사는 것인가? 이런 질문들은 모든 개인에게 가장 근원적인 문제다. 이

문제의 완전한 해답이 나오는 날에 인문학은 사그라질지 모른다.

더 나은 공동체로 가는 변화의 길은 무엇인가? 더 나은 공동체로 가는 시대정신과 비전은 무엇인가? 이런 질문들은 인간사회가 결코 놓아버릴 수 없는 가장 근원적인 문제다. 이 문제가 '현재 공동체에서 벗어날 수 없는 우리'에게 당위적 책무의 하나로서 미래전략 탐구를 강력히 요청한다. 거대담론적인 미래전략도 있어야 하고, 실사구시적인 미래전략도 있어야 한다.

거대담론적인 미래전략 연구가 이상적(理想的)인 체제를 기획하는 원대한 작업에 주력한다면, 실사구시적인 미래전략 연구는 가까운 장래에 공동체가 당면할 주요 이슈들을 예측하고 대응책을 제시하는 작업에 주력한다. 박태준미래전략연구소는 앞으로 일정 기간 동안 후자에 집중할 계획이며, 그 결실들을 총서로 출간하여 더 나은 공동체를 향해 나아가는 사회적 자산으로 공유할 것이다.

꼭두새벽에 깨어난 이는 먼동을 예감한다. 그 먼동의 한 자락이 이 총서에 담겨 있기를 바랄 따름이다.

포스텍 박태준미래전략연구소

차례

한국 행정관료의 전문성과 혁신

박길성

박길성

학력
고려대학교 사회학과 졸업
고려대학교 일반대학원 문학석사(사회학)
미국 위스콘신대학교 사회학박사

주요경력
현 고려대학교 대학원장 · 사회학과 교수
미국 유타주립대 겸임교수
세계한류학회 회장
정보문화포럼 의장
고려대학교 문과대학 학장 역임
재단법인 한국청년정책연구원 원장 역임

주요저서 / 논문
『사회는 갈등을 만들고 갈등은 사회를 만든다』
『IMF 10년, 한국사회 다시 보다』
『한국사회의 재구조화: 강요된 조정, 갈등적 조율』
『세계화: 자본과 문화의 구조변동』
Global Civil Society 2011 (공편) 외 다수

I. 왜 지금 한국 행정관료의 전문성인가?

1.

발전국가의 시대에 행정관료는 한국사회의 알파이자 오메가였다. 다소 과장하여 표현하면 이들의 책임감, 자부심, 사명감, 전문성은 그 어느 누구에도 뒤지지 않았다. 아니 훨씬 우위에 있었다. 이들은 강력할 뿐만 아니라 유능하였고, 민간을 이끌었다. 이들이 국민들로부터 전폭적인 신뢰를 받았다고는 할 수 없지만, 다시 말해 행정관료에 대한 국민의 신뢰가 아주 높았다고는 할 수 없지만 적어도 국정을 운영하기에는 모자람이 없었다.

돌이켜보면 1960~80년대 한강의 기적을 설명하는 중요한 독립

변수로 지적되는 것 중 하나는 한국 관료 공무원의 탁월한 질이며, 급속한 경제성장의 신화 뒤에는 유능하고 헌신적인 행정관료 집단의 기여가 절대적이었다(김선혁, 2008; 강원택, 2014). 산업화 시대의 관리는 국가의 주축이었고 최고 인재들이었다(송복, 2015). 유례없는 사회발전에는 유능한 행정관료가 적지 않은 몫을 담당했음을 의미한다. 행정관료들에게 좋았던 시절을 의미하는 벨 에포크(Belle Epoque)는 아마도 이때를 말하고 있는 듯하다.

그러나 안타깝게도 오늘날 한국 행정관료에 대한 평가는 "규제하고 간섭할 대상만 찾아다닌다"(조선일보, 2015. 11. 2)거나 "과거에 머물러 있는 집단"(조선일보. 2015. 11. 10)으로 각인되어 있다. 이러한 평가는 일반 시민이나 학계에서 나온 것이 아니라 현재 정부의 중요 직책을 맡고 있는 일선 책임자의 지적이다. 한국과학기술평가원장은 조선일보와의 인터뷰에서 "정부 부처마다 다투어 시대착오적 연구 개발을 과거에 하던 관행으로 여전히 해오고 있다"고 시쳇말로 돌직구성의 비판을 하는가하면, 인사혁신처장은 "인사와 교육 시스템이 1970~80년대식 그대로이다"라고 언급하며 인사혁신의 절박함을 토로하였다.

한국 행정관료는 국정을 운영하는 데 필요한 최소한의 신뢰조차 국민들로부터 외면당하고 있다. 그 원인은 어디에 있는지, 날개 없이 추락하는 행정관료의 모습이 우리만의 현상인지, 해법은 무엇인지를 찾아나서야 한다는 문제제기는 우리 사회의 숙제로 던져진 지 오래되었다. 개별적으로는 우수한 행정관료들이 어떤 까닭으로 그런 평가의 장본인이 되었는가는 풀어야 할 퍼즐로 던져져 있다.

한국 현대사에서 2014년과 2015년만큼 행정관료가 곤혹스러운 때도 없었을 것이다. 공무원을 대상으로 한 조사에서 10명 중 8명이 전직을 고려해봤다는 응답이 이를 극명하게 말해준다(서울경제, 2014. 7. 28). 2014년 세월호 참사 이후 공무원들에게는 관료와 마피아가 결합한 관피아라는 속칭이 붙여졌다. 2014년 이전에는 존재하지 않았던 어휘다. 그 어떤 검색에도 등장하지 않는다.

그동안 언론에서 언급된 관피아라는 용어에 붙어 다니는 수식어를 정리하면 관료 천국의 암적 결탁, 전관 예우형 낙하산, 재취업 고리의 유착커넥션, 폐쇄적인 집단 결속, 검은 카르텔의 특권과 문화, 생명경시의 야만과 같은 반사회적 용어들이다. 관피아라는 표현은 한국의 행정관료를 몰책임, 탐욕과 결탁의 상징으로 낙인찍었다. 그동안 무능과 보신, 부패, 철밥통, 순혈주의, 무사안일·복지부동의 이름으로 행정관료들을 몰아친 적은 있었지만 범죄조직의 용어로 표현된 적은 없었다. 관피아라고 하는 순간, 범죄 집단으로 낙인 되는 프레임에 갇힌다. 섬뜩한 비유이며 동시에 경직된 프레임이라 하지 않을 수 없다(박길성, 2015:143-4).

2015년 메르스 사태는 세월호 참사와는 또 다른 프레임에 행정관료를 갇히게 만들었다. 축적될 수 없는 전문성, 전문성의 결여, 현상 전문가의 부재 등이 한국 행정관료 문제의 최대 쟁점으로 떠올랐다. 의무의 회피가 아니라 의무를 수행할 능력의 부족이 도마에 오른 것이다. 메르스 사태 이후 모든 언론은 행정관료를 전문성 부족이라는 무능의 프레임에 가두어 놓았다. 이제 관료 조직은 무능을 두고 제기되는 비판에 직면하게 되었다. 사실 무능의 원인은 부패의 원인보다 훨씬 더 복잡하다. 따라서 무능을 유능으로 바꾸는 일은 부패를 청렴으로 바꾸는 일보다 훨씬 더 어렵다.

2.

'시대를 따라가지 못하는 규제 집단' '과거에 머물러 있는 집단'으로 각인된 한국 행정관료로는 21세기 시대 환경을 주도하기는커녕 적응·생존하기조차 힘들 것이라는 데 이의를 제기하기는 어려울 것이다. 21세기의 시대 환경[1]은 전문성에 기반을 둔 행정관료의 역할을 무한히 요청하고 있기 때문이다. 근자의 세계화 과정에서 정부와 행정관료의 역할은 초기 세계화 옹호론자들의 주장과

---

1   시대 환경의 변화에 관한 정리는 박길성, (2015). "국가 엘리트 생성 메커니즘: 프랑스 독일 미국 행정 관료 엘리트." 140-143쪽 논의를 재구성하였다.

는 대조적으로 더 크게 부각되고 있다. 세계화가 국민국가의 영향력을 약화시키면서 행정관료의 영향력이 약화될 것이라는 전망이 지배적이었다(Ohmae, 1993; 1995). 그러나 세계화 되면서 국가 간의 경쟁은 더 심화되고 있으며, 의제 설정(agenda setting)의 주도권을 누가 행사하느냐는 말할 것도 없고, 지속가능한 균형 사회를 위한 정부의 역할과 기능 재조정은 선후진국을 막론하고 중요한 의제로 설정되어 있다. 세계화 시대는 정부와 행정관료에게 사회적 책임과 사회적 리더십을 동시에 더 과중하게 부여하고 있다. 다시 말해 세계화가 행정에 미치는 영향은 통념과는 달리 더 확대되는 양상을 보이며, 행정관료 엘리트에게 새로운 기회구조를 제공하고 있는 셈이다. 세계화의 진행에 따라 보편적으로 나타날 것으로 전망되었던 국민국가의 약화 혹은 소멸, 정치경제 체제의 수렴, 정부구조의 동형화, 국가간 정책의 유사성은 발생하지 않았다(김선혁, 2008).

실제로 전 세계적으로 지난 10여 년을 보더라도 공공영역이 줄어들기는커녕 점점 더 확대되는 양상을 보인다. 이를 방증하듯 정부가 담당하는 공공지출(public expenditure)의 비중은 꾸준히 증가하고 있다(World Bank, 2013). GDP 대비 공공지출의 비중을 보면, 프랑스는 2001년 44.9%에서 2012년 48.3%로, 같은 기간 미국은 19.4%에서 23.9%, 일본은 2005년 16.0%에서 2012년 19.4%,

한국은 2001년 16.0%에서 2012년 19.4%로 증가하였음을 관측할 수 있다. 독일만이 예외적으로 2002년 31.4%에서 2012년 29.1%로 감소하는 추세를 보인다(OECD, 2013). OECD 평균 역시 증가추세에 있다. 공공지출은 정부의 활동에 의해 제공하는 재화와 서비스를 나타내는 것으로서, 이의 증가는 행정관료의 역할이 증대하고 있음을 의미한다.

뿐만 아니라, 21세기는 지식으로 승부하는 지식사회(knowledge society)라는 명제 하에 세계 각국이 지식정부(knowledge-based government)를 향한 행정관료 엘리트를 양성하기 위해 부단한 프로젝트를 진행하고 있다. 지식정부만이 아니라 지식관료로서의 전환이 중요하게 제기된다(이종범, 2000). 여기서 지식관료란 불확실한 환경을 정확하게 인지하고 필요한 지식을 창조하여 국민을 만족시키는 관료라고 할 수 있다. 새로운 시대 환경은 제한적 국가 운영에 필요했던 기계적 지식에서 유기적 지식을 넘어 이제는 창의·융합적 지식을 요청하며, 마찬가지로 새로운 시대 환경은 기계적 관료, 유기적 관료를 넘어 창의·융합적 관료를 요청한다. 이는 정부의 역할과 이를 수행하는 행정관료의 자질과 역할에 커다란 변화가 있어야 함을 함축한다.

비단 지식국가의 관점이 아니라 창의·융합적 대응은 현대의 복합위험사회의 특징에서 더욱 중요하게 제기된다. 현대사회 자체가 과거와는 다른 위험의 요소를 안고 있기 때문이다. 네트워크, 바이오, 인공지능, 나노와 같은 최첨단 테크놀로지도 언제 재앙이 될지 모르는 위험이 잠재적 일상이 되고 있다. 메가리스크(mega risk) 시대에 직면하고 있는 것이다. 현대사회에 내재하는, 또한 표출되는 위험은 중층위험으로서 위험의 구성이나 발생의 층위가 복합적이다. 언제 닥쳐올지 모르는 중층복합위험을 오늘의 문제로 직시하고 이에 대비하는 위험관리의 능력이 요청된다.

3.

메르스 사태는 '전문성 부재의 참담한 행정 생태'의 결정판이다. 메르스 사태만큼 그 확산이나 진단 그리고 소통의 과정이 납득하기 어렵고 당황스러우며 공포였던 일도 없었을 것이다. 지난 5월에 촉발되어 대한민국을 질병의 공포와 사회의 공포에 떨게 했던 메르스 사태로 말미암아 행정관료의 전문성에 대한 문제 제기가 관료 조직을 포함한 우리 사회를 관통했다. 국가의 행정관료들이 그들이 맡은 바 소임을 다할 수 있을 만한 역량을 갖추었는지를 의심하게 되었다는 것이다.

지난 2013년부터 중동 일대에서 확산되기 시작했던 메르스는

2014년부터 급속한 확산의 추세를 보였으며, 한국에서도 메르스에 대한 언론의 보도가 심심치 않게 등장하기 시작했다. 그로부터 1년, 바레인을 다녀온 최초 감염자가 귀국 후 증세를 처음 보인 지 열흘이 지난 5월 20일에 이르러 정부 당국인 질병관리본부로부터 메르스 감염을 확진 받는다. 감염자가 이미 바이러스 잠복기를 지나 실제 증세를 보인지 상당 시일이 흘렀다는 점에서 더욱 면밀한 역학조사 및 방역작업이 이루어졌어야 했음에도 불구하고 질병관리본부에서는 "사람 간 전염이 쉽지 않다", "일반 국민으로의 전파 가능성이 없다"라면서 초기 진압이 가능했던 소위 골든 타임을 무의미하게 흘려보내고야 말았다. 전문성 부재로 인한 무능이 만들어낸 무사안일의 비극은 이렇게 시작됐다. 3차 감염의 가능성, 지역사회로의 전파 가능성을 부정했던 정부의 발표 뒤에는 머지않아 발표했던 내용을 번복하는 기자회견이 잇달았다. "괴담 유포자를 처벌하겠다"라며 엄포를 놓았던 정부지만, 그 어떤 괴담보다 신빙성이 떨어지는 것이 전문성 부족의 정부 발표였다.

일각에서는 메르스 사태가 매년 발생하는 독감의 유행과 별반 다를 바 없음에도 대한민국 전체가 비합리적인 공포에 사로잡혀 있음을 조롱했다. 상황에 대한 객관적인 인식과 판단을 하지 못한 채 좌고우면 하는 군중들에 대한 비판은 일상적인 것이며 경우에 따라서 타당하기도 하지만 이번만큼은 번지수를 잘못 짚어도 한참

잘못 짚은 것이었다. 사태에 대한 정보와 통제력을 독점한 정부의 대처가 독감의 유행쯤밖에 되지 않는 일을 두고도 일관되지 못한 상황에서 일반 시민들의 침착하고 합리적인 행동을 기대하는 것 자체가 난센스이기 때문이다.

2015년 여름, 대한민국 사회 전역으로 전염된 것은 비단 메르스 바이러스뿐이 아니었다. 한 달 남짓의 시간 동안 '국민의 생명과 재산을 보호한다'를 제1의 의무로 삼는 국가와 정부에 대한 불신이 많은 국민들에게 확산되었다. 의무 회피가 아닌, 의무를 다할 만한 능력의 부재에서 기인한 불신이었다. 착복·횡령·비리와 같은 부패로 인해 질타 받던 관료 조직은 이제 그 무능을 두고 제기되는 비판에 직면하게 된 것이다. 이쯤해서 우리는 되묻지 않을 수 없다. 발전국가를 구가하며 한강의 기적을 일궈낸 핵심으로 칭송받던 국가 최고의 엘리트 집단인 행정관료 조직이 왜 오늘날에 이르러선 전문성을 결여한 집단으로 추락하고야 말았는지를, 그리고 당면한 시대가 행정관료 조직에게 요구하는 전문성이란 무엇인지를 말이다.

메르스 사태를 통해 우리는 행정관료 조직의 역량, 국가 역량의 부족을 절감했다. 이를 두고 한 사람 한 사람의 관료를 탓할 수는 없는 노릇이다. 각고의 노력 끝에 '공무원 공개경쟁채용시험'의 관문을 통과한 각급 공무원들의 지식과 업무 수행 능력을 애초부터 문제 삼을 순 없다. 적어도 능력적인 측면에서는 나라의 중임을 맡는 인재로서 '동량(棟梁)'의 자질이 충분하다. 물론 표준화된 필기시험과 면접에 기반을 둔 현행 공무원 선발 제도가 분야별로 특화된 전문성을 갖춘 인재를 선발하는 데는 한계가 있음을 지적할 수 있을 것이다. 그러나 보다 문제시 되어야 할 대상은 고난도 시험을 통해 어느 정도 검증된 인재를 선발하고도 이를 전문적인 행정 역량을 갖춘 관료로 키워내지 못하는, 그리고 이들 인재를 적재적소에 배치하지 못하는 현행 제도와 제도의 운영 방식이다. 아름드리 나무를 잔뜩 베어다가도 잘 다듬질 못하고 맞는 곳에 끼워 넣질 못하다 보니 어느 것 하나 제 용도대로 사용되지 않고 있는 것이다.

일례로 분야별·사업별로 파편화된 행정부처 간의 협력이 필요한 사안에 대해서, 이 협력을 효율적인 방향으로 이끌 만한 컨트롤타워가 부재한다는 점은 세월호의 비극을 경험한 뒤 1년이 지나 발생한 메르스 사태의 경우에도 변함없이 문제로 지적된 바 있다 (뉴시스, 2015. 6. 11). 뿐만 아니라, 행정고시 출신 관료가 관련부처 요직을 장악하고, 보직순환 과정 중에 발생하는 인사적체를 해소하기 위해 업무관련성이 없는 인물들을 질병관리본부에 배정하는 등 그간 심심치 않게 지적되어왔던 관료 운영상의 적폐 또한 이번에도 여실히 드러났다. 이는 결국 전문가의 부재, 전문성 축적 실패 등의 결과로 이어져 메르스 사태의 조속한 해결을 불가능하게 만들었다(월간중앙, 2015.06).

　막스 베버는 당대뿐만 아니라 이 시대를 일갈하는 '소명으로서의 정치'를 논하면서 정치가가 갖추어야할 자질로 열정, 책임감, 그리고 균형감각을 주문하였다. 행정 관료는 이보다 더 엄격한 자질을 하나 더 갖출 것을 요청하는데 그것은 다름 아닌 전문성이다. 막스 베버는 근대의 상징으로 전문 관료층의 대두를 지목하며 이들이 갖추어야할 조건을 구체적으로 언급한다. 근대 전문 관료층이란 장기간의 예비교육을 통해 전문 훈련을 받은 고급 정신노동자로 발전했으며 청렴성의 확립을 위해 고도로 발전된 신분적 명예심을 중시한다는 것이다(베버, 2013). 근대 관료의 구성적 조건으로 전문직 훈련과 시험을 요구하고 있으며 명예를 과정적 조건으로 요청하고 있는 셈이다. 전자를 갖추지 못하면 무능의 덫에서, 후자를 구비하지 못하면 부패의 사슬에서 벗어나지 못한다. 그래서 근대국가 형성 이후 오늘에 이르기까지 어느 시대 어느 사회를 막론하고 유능과 무능을 가름하는 전문성은 행정관료가 갖춰야할 중요한 요건이다.

　공무원들 스스로도 자신들에게 가장 필요한 요건으로 내세우는 것이 '전문성'이다. 최근 한국행정연구원이 공무원을 대상으로 수행한 조사에서 공무원의 중요 요건으로 전문성을 일순위로 꼽고 있다(권혁빈, 2013: 164). 이것은 어떤 의미에서 이들에게 요청되는 청렴성, 성실성, 봉사성, 국가관, 창의성 등 그 어떤 자격이나 덕목의 혁신보다 어렵다는 것인지도 모른다.

4.

모든 것이 변하고 모든 것이 바뀌고 있다. 행정관료도 예외일 수 없다. 더욱이 모범적이고 유능한 추격국가(fast follower)에서 혁신적인 선도국가(first mover)로의 전환 국면에서 행정관료의 역할은 여전히 중요하다. 왜냐하면 고도·압축성장을 근간으로 하는 발전모델의 유효기간이 끝났지만 발전국가의 경로의존은 여전히 강건하게 작동하기 때문이다. 그러나 안타깝게도 행정관료 조직에 붙어 다니는 꼬리표는 여전히 과거에 머물러 있다는 것이다.

이 글은 한국사회의 미래전략과 연동하여 바람직한 행정관료의 생성 메커니즘을 어떻게 만들어낼 것인가의 논제를 담아내기 위해 행정관료의 전문성에 초점을 맞춰 준비되었다. 논의는 사회발전론의 시각에서 행정관료를 둘러싼 3가지 역설을 진단하며, 행정관료의 제일 요건으로 간주되는 전문성이 축적되지 않는 원인을 분석하는 것으로 구성되어 있다. 그리고 전문성을 위한 혁신의 과제를 마무리의 테마로 설정하였다.

II. 세 가지의 역설

1. 조직의 역설: 유능한 개인, 무능한 조직

평범한 개인들을 하나의 조직으로 규합하여 조직 내에서의 상호 보완을 통해 시너지 효과를 발휘하며 개인적 차원에서는 접근·해결이 불가능했던 문제들에 능히 대처하도록 하는 것이 조직의 존재 이유임에는 이견이 없을 것이다. 그러나 우리의 행정관료 조직은 이와 같은 조직의 기본 구성을 구현하지 못하고 있다는 것이 일반적인 평가이다. 유능한 개인을 관료로 선발하여 개별 관료들이 지닌 역량의 합 이상의 능률을 발휘하기는커녕, 개별 역량이 발휘될 기회를 차단하거나 이를 감퇴시켜 전체적으로 무능한 조직으로 전락하는 '조직의 역설'이 우리나라 관료 조직을 지배하고 있는 것이다. 똑똑하고 유능한 사람들을 뽑아다가 무능하게 만드는 시스템의 실패(장용석, 2015)가 무사안일이 구실이 되어 뭇매를 맞는 행정관료 조직의 본질적인 문제라는 지적은 이 역설과 궤를 같이 한다.

국가와 국민을 위해 봉사하겠다는 개인적인 사명감과 이에서 비롯한 명예에 의한 것이든, 공무원이라는 직업이 일반적으로 보장해주는 고용안정성을 위시한 것이든, 올해도 역시 많은 사람들이 행정관료 엘리트를 향한 치열한 공개경쟁시험에 응시했고 소수만이 선택되었다. 합격자 면면을 보더라도 소위 명문대 출신이 주를 이루고 있다. 물론 출신 대학과 개인이 겸비한 역량 간의 상관관계를 분명하게 특정할 수는 없다. 하지만 표준화된 대학교육을 이수하면서, 또한 공개경쟁시험을 준비하면서 갖추게 된 소양이나 지식, 그리고 이에 기반을 둔 업무수행능력 등이 민간기업의 인력들과 비교했을 때 뒤쳐질 이유가 없다는 점은 분명하다. 더욱이 직렬에 따라 다소간의 차이는 있지만 언어논리 능력, 자료해석 능력, 상황판단 능력, 영어 능력 및 한국사에 대한 지식을 평가받고 난 이후에는 각종 법률과 인문학·사회과학을 망라한 학문지식을 재차 검증받음으로써 비로소 치열한 경쟁을 뚫고 국가 고급 공무원으로 거듭난 이들의 기본 소양 및 지식을 의심할 여지는 없어 보인다.

이처럼 내실 있는 인재로 구성된 조직이지만 이들의 실제 정책(결정)행위에 대한 일반적인 평가를 좋다고 할 수는 없다. 매년 스위스 국제경영개발원(IMD)이 발표하는 세계경쟁력(World Competitiveness) 순위에서 한국은 지속적으로 하락하여 정부의 효율성 분야는 2015년에는 28위를 기록하여 전체적인 국가경쟁력을 평가함에 있어서 긍정적인 요인으로 작용하지 못하고 있는 실정이다. 정부의 업무에 대해 국민이 인식하고 있는 일반적 평가도 그리 호의적이지 않다. 여기에다 앞서 지적한 참사나 사태는 하나같이 조직의 무능 그 자체라는 지적에 단 한마디의 이의도 달기 어렵다.

2. 민주화의 역설: 진전된 민주, 여전한 부패

민주화의 사회적 기대가 부패의 청산으로 이어지는 것은 극히 당연한 요청이다. 1987년 민주화 이후 시민사회의 역할 증대와 맞물려 정치권력에 대한 감시·규제가 원활해짐에 따라 부패가 줄고, 결과적으로 민주화에 대한 열망이 청렴하고 투명하며 공정한 사회의 구현으로 이어지리라는 예상이 정설로 받아들여졌다. 이어지는 물음은 실제로 한국 행정관료의 부패는 과거 권위주의보다 감소하였는가 일 것이다.

부패는 이를 정의하는 방식에 따라 범위와 내용이 달라지기 때문에 실제의 증감여부에 대해 쉽게 판단하기 어렵다. 더욱이 오늘날의 부패 유형과 규모는 과거 사회에서의 부패와는 차이가 있을 수 있다. 구체제 하에서의 부패는 구조적이고 대규모적이었지만,

최근에는 투명성과 민주적 통제가 증가함에 따라 대규모 부패는 잘 나타나지 않고 있기 때문이다(최장집, 2005).

그렇다고 해서 우리 사회에 민주화가 부패청산이라는 소기의 목적을 달성했는지에 대해 흔쾌하게 긍정적인 답변을 하기에는 주저되는 부분이 많다. 한국은 2014년 국제투명성기구(Transparency International)에서 발표하는 각국 공공부문 청렴도 평가에서 100점 만점에 55점으로 43위를 기록하며 6년 연속 하락 또는 정체를 반복하고 있다. OECD 회원국 34개 중에서는 지난해와 동일하게 27위를 기록해 여전히 하위권을 기록하고 있다. 국제지표상의 추이는 국내지표에서도 마찬가지로 나타난다. 국민권익위원회에서 발간하는 『2014년 부패인식도 종합 결과』에 따르면 '공무원이 부패하다'는 응답비율은 일반국민에서 69.4%의 응답을 보이고 있다.

민주화의 진전과는 대조적으로 객관적 지표나 일반 인식에서 나타난 부패는 크게 호전되지 않고 있다. 민주화 이후에도 부패 문제가 민주적 절차와 규범에 따라 해소되지 않는 민주화의 역설인 것이다. 오늘날의 민주주의는 이전에 비해 진전되었다 할지언정, 부패만은 여전하다. 평화로운, 수평적 정권교체를 두 번 경험함으로써 민주주의 공고화의 단계에 접어든다는 쉐보르스키(Przeworski, 1999)의 명제가 구현된 2000년대 들어서도 이 추세가 지속적으로 나타나고 있다.

3. 신뢰의 역설: 낮은 신뢰, 강한 권한

권한은 신뢰에 기반을 두어야 정당성을 확보할 수 있다. 강한 권한이 작동하기 위해서는 강한 신뢰가 뒷받침되어야 하는 것이 정상적인 사회의 운영 질서일 것이다. 한국에서 행정관료 조직의 권한이 강하다는 것은 발전국가의 경로의존적인 경험에서 뿐만 아니라 입법의 실제 상황에서도 목도된다.

공화국 정치체제의 근간이 되는 삼권분립의 원리 하에 전통적으로 행정부는 입법부에서 제정한 법률을 집행하는 역할을 수행해 왔다. 하지만 오늘날에 이르러 행정은 단순한 법률의 집행 권한을 넘어서 제정된 법률에 대한 적극적인 해석 권한까지 수반하는 또 하나의 입법이 되었음을 부인할 수 없다. 반면에 법은 행정부의 집행권을 정당화해줌으로써 행정의 기준이자 목적이 아닌 수단으로 전락하고 있는 실정이다(이상수, 2015). 특히 우리나라와 같이 정부와 여당 간의 유착관계가 강하고, 행정부 수반인 대통령의 권한이 막강하여 의회에서 논의되는 의제에 결정적인 영향력을 행사하는 제왕적 대통령제의 경우 이러한 문제는 더욱 심각한 양상으로 나타난다(최장집, 2005). 행정부의 정책 편성 및 집행 전반을 규율·감시·견제해야 할 입법부가 행정부가 발의한 법안에 대한 거수기로 전락해버려 헌법에서 규정하는 기능과 역할을 제대로 수행하지 못하게 되기 때문이다.

실제로 제19대 국회(2012 ~ 현재)의 발의주체별 법률안 통계를 살펴보면, 의원 발의안이 15,036건으로 전체발의 법안(17,003건)의 약 88.4%를 차지하고 있으며 뒤를 이어 정부는 1,071건으로 약 6.3%의 발의안 분포를 보인다. 양적인 측면에서 의원 발의안의 비중이 압도적이지만, 법률반영률[2]을 살펴보면 조금은 다른 양상이 관측된다. 의원안의 경우 미처리(계류) 중인 법률안이 11,007건으로 의원발의안의 처리율[3]은 약 27%에 불과하며, 법률반영률 또한 92%로서 정부법안의 처리율(53%)과 반영률(99%)에 미치지 못한다. 특히 정부의 시행령이나 시행규칙만으로 행사할 수 있는 권한이 제한되어 별도의 입법이 필요한 경우에도, 입법에 따른 정치적 부담이 행정부에 집중되는 것을 막기 위해 여당이 해당 법안을 발의해주는 경우도 빈번하다. 근자에는 이러한 우회수단을 강구할 필요마저도 없어졌다. 법률을 통해 규정되어야 할 정책이 여당의 묵인 하에 정부의 령이나 규칙에 의해서 제정·집행되는 대체입법이 이루어지고 있기 때문이다.

이미 권력의 분립을 논하기에 민망한 상황에서, 그래도 이 막강한 권한이 국민적 신뢰와 지지에 기반하고 있다면 민의의 반영

2   법률반영법안/처리법안
3   처리법안/접수법안

이라는 점에서 정당성이라도 찾아볼 수 있을 것이지만 실상은 그렇지 못하다. 한국행정연구원에서 2014년에 발행한 『공공부문 신뢰에 대한 인식조사』에서 공공부문 기관별 신뢰정도에 대한 인식을 100점 환산 점수를 통해 구체적으로 살펴본 결과, 10개 공공부문 기관 중 '소방당국'이 58.4점으로 가장 높았다. 다음으로, '경찰' 37.1점, '광역자치단체' 34.9점, '군대' 34.4점, '기초자치단체' 33.9점, '검찰' 32.0점, '행정부'와 '사법부' 각 30.4점, '입법부' 22.8점, '정당' 20.3점 순으로 신뢰 정도가 낮았다(류나영, 2014). 특히 응답자들에게 '행정부'에 대해 신뢰하고 있는지에 대해 조사한 결과, 신뢰한다는 응답은 10.6%에 불과하다. 전반적으로 공공기관에 대한 신뢰도가 낮은 가운데 행정부와 입법부, 그리고 정당에 대한 국민의 신뢰가 가장 낮은 수준에서 형성되어 있음이 확인된다. 그럼에도 불구하고 아이러니하게도 국정 운영에 있어 행정관료 조직이 지닌 권한은 강력하며 절대적이다. 낮은 신뢰, 그리고 이 낮은 신뢰에도 불구하고 입법부의 보조를 통해 행정 조직이 행사하는 막강한 권한이 결합되어 있는 것이다. 권한은 신뢰에 기반을 둔다는 일반적 정설을 뒤집는 신뢰의 역설이 확인되는 대목이다.

III. 전문성 결여의 구조와 과정

1. 돌고 도는 자리, 멈춰버린 전문성 축적: 순환보직제의 문제

공무원 절반이 1년 내에 자리를 옮기는 것으로 나타났다. 행정관료 엘리트인 과장급 이상 행정관료의 평균 재직 기간은 지난 15년의 자료를 종합해보면 1년 2개월이 채 안 된다. 이쯤 되면 잦은 보직 이동을 넘어 과도한 보직 이동이며, 근무를 위해 보직 이동을 하는 것이 아니라 보직 이동을 위해 근무한다는 표현이 정확할 것이다.

순환보직시스템에 의한 잦은 인사이동의 폐해는 매우 자명하다. 전문성을 갖출 기회가 구조적으로 박탈된다. 업무의 연속성, 행정의 책임성을 저해하며 당연히 단기성과에 성마르게 집착하기 마련이다. 전문성을 함양하고 역량을 갖추는 데에 전적으로 역행하고 있는 것이다. 부처에서 특정 업무에 대한 경험을 축적하고 전문적 식견을 갖춘 전문가를 양성하는 데 결정적인 걸림돌로 작동하고 있다. 이러한 순환보직은 공무원 개인의 역량과·적성을 무시한 직무 배치로서 직무에 대한 흥미를 유발하지 못함은 물론이고 자부심과 연동되어 있는 동기부여라는 측면에서 매우 취약하다.

이러한 폐해가 자명함에도 불구하고 지속되는 논리는 무엇인가. 그것도 공무원임용령을 어기면서 말이다. 전보를 제한하기 위해 도입한 공무원임용령의 전보제한제도에 따르면 예외적인 사유에 해당되지 않는 한 고위공무원은 1년 이내에 자리를 옮길 수 없으며, 과장급인 3급 또는 4급은 1년 6개월, 5급 이하는 2년 이내에 자리를 옮길 수 없다고 명시되어 있다. 그러나 고위공무원이 1년의 최소보직을 못 지키는 비율이 48%, 과장급 63%, 5급 73%, 6급 이하도 69%나 된다(매일경제 2015. 9. 23). 이쯤 되면 오히려 전보제한의 규칙을 지키는 것이 이상할 정도로 유명무실하게 되었다.

⟨표 1⟩ 일반직 공무원 직급별 전보

구분	합계	동일부처 내 전보							부처 간 전보
		소계	1년 미만	1–2년 미만	2–3년 미만	3–4년 미만	4–5년 미만	5년 이상	
고위 공무원	578	500	235	197	48	15	4	1	78
3급	371	322	131	130	42	16	2	1	49
4급	3,176	3,016	1,248	1,081	453	135	63	36	160
5급	6,987	6,801	2,516	2,479	1,195	402	125	84	186

출처: 인사혁신처. 2014. 『행정부 국가공무원 인사통계』

한국에서 잦은 순환보직은 근본적으로 계급제적 공직 운영에서 출발한다. 한국의 보직이동경로는 Z자형을 그리고 있다. 동일 직급에서도 중요한 보직과 중요하지 않은 보직이 있기 때문에 상위직급에서 결원이 생길 경우 하위직급까지 연쇄적으로 인사이동이 발생하게 된다. 상위직급에서 결원이 생기면 동일직급 내에서도 보다 높은 자리로 이동하는 연쇄 반응이 Z자 모양으로 나타나게 되는 것이다(그림 1). 이러한 순환보직이 잦아지면 업무를 제대로 파악하기도 어렵고, 문제가 발생할 경우에도 문제해결보다는 재직 기간 동안에 보류나 회피를 하려는 성향이 강하게 나타날 수도 있다. 전문성과 책임감 모두 결여하게 되는 문제가 발생할 수 있는 것이다(김광호, 2008). 공무원들이 선호하는 이른바 '꽃보직'을 돌아가면서 하려다 보니 자리를 자주 옮기게 되는 것이기도 하다. 예를 들어 5급 공무원 중에서도 꽃보직이라는 좋은 자리가 나오면 한직으로부터 한 자리씩 평행 이동을 한다.

〈그림 1〉 한국 공무원의 Z형 순환보직

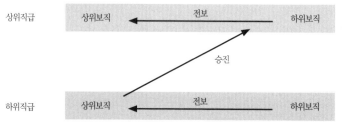

출처: 김광호, 2008.

세칭 호치키스를 찍는 데 있어야 승진 우선순위 대상이 되고 출세한다는 것이다. 호치키스 찍는 과는 '주무과(課)'를 의미하며, 주무과란 각 국실의 선임 과로서 아래에 있는 과들에서 수립하는 정책을 모아 종합판을 만드는 일을 한다. 문서를 취합해 호치키스를 찍는 일이 많다 보니 생긴 은어이다. 이러다 보니 같은 사무관·서기관급에서만 주무과를 향해 여러 차례 보직 이동을 하게 되고, 그만큼 전문성에 대해 논할 기회조차 없어진다. 비인기 보직은 다들 빨리 떠나려다 보니 전문성이 더욱 떨어지게 된다.

이를테면 재난 업무 보직이 대표적이다. 안전행정부 관계자는 "재난 업무 자원자는 거의 없다고 보면 된다"며 "이에 따라 전문성이 더 강해야 하는 자리지만 평균 근무 기간은 더 짧아진다"(조선일보, 2014. 5. 15). 2014년 안전행정부에서 안전 업무를 담당하는 안전관리본부 소속 공무원 134명조차도 재난·안전 분야에서 근무한 경력이 있는 직원은 79명(59.0%)에 불과하였다. 전문성 축적이 필요한 현장에서의 근무를 기피하는 현상이 발생하고 있다. 또한 안전행정부 5급 이상 일반직공무원 1,081명 중 재난 및 안전 분야 근무경험자는 333명(30.8%)에 불과하다(안전행정부 국정감사자료, 2014).

종합하면, 순환보직에서 비롯하는 일률적인 보직 관리, 단선적인 경력 관리는 궁극적으로 국가경쟁력 저하로 이어지고, 그런 가운데 정부효율성 순위는 점점 더 추락하는 것으로 이어진다.

2. 무늬만 개방인 공무원의 안방: 민간 출신은 단 2%

국가공무원법 제28조 제4항은 '해당 기관의 직위 중 전문성이 특히 요구되거나 효율적인 정책 수립을 위하여 필요하다고 판단되어 공직 내부나 외부에서 적격자를 임용할 필요가 있는 직위에 대하여는 개방형 직위로 지정하여 운영할 수 있다'라고 규정하고 있다.

주지하듯이 개방형 직위제도는 공직 안과 밖의 경쟁을 유도하고 우수한 인재 등용을 위하여 시행된 것이다. 공직 사회의 전문성을 높이기 위해 해당 부처 공무원이 아닌 사람도 공직에 적극적으로 채용하겠다는 취지다. 폐쇄, 순혈, 계급제가 경쟁력을 담보하기 어렵다는 것은 더 이상 논란의 여지가 없기에 당연히 확대 적용해야 하는 것에 이의를 달기 어렵다.

그러나 정작 그동안 진행된 과정을 살펴보면 어떤 기준으로 보더라도 미흡한 것은 물론이고 개방형 직위제의 취지를 살릴 수 있을 것으로 진단하는 사람은 아무도 없을 것이다. 무늬만 개방형으로 이뤄지고 실질적으로는 폐쇄형이라는 비판을 피하기가 어려운 것이다.

<표 2> 개방형 공무원 임용 현황

단위: 명, %

	2007	2008	2009	2010	2011	2012	2013	2014
직위지정수	220	188	182	198	246	311	421	430
충원수	196	136	149	157	194	235	227	288
내부임용	86	64	82	86	108	147	145	193
외부임용	110	72	67	71	86	88	82	95
외부임용률	56.1	52.9	45.0	45.2	44.3	37.4	36.1	33.0

출처: 인사혁신처. 2014. 『행정부 국가공무원 인사통계』

개방형 직위의 형태는 고위공무원단 개방형 직위와 3~4급에 해당하는 과장급 개방형 직위가 있다. 각 부처의 담당자들은 정기적으로 개방형 직위의 충원을 위한 시험시행계획을 수립하여 분기별로 인사혁신처에 통보한다. 그리고 인사혁신처는 이를 종합하여 선발시험 계획을 수립한 뒤 일간신문, 관보 등에 정기적으로 공고하도록 되어 있다. 이에 따라 개방형 직위는 민간인과 공무원이 동등한 조건에서 공채시험제도를 통해 지원하고 임용되는 것이다.

그러나 이러한 개방형 직위제도가 매우 제한적으로 운영되어 대부분의 인사가 내부에서 이루어지고 있다. 〈표 2〉를 보면 2006년 고위공무원단 도입 이후 2007년 외부임용률은 56.1%였으나

2008년 부처 자율성으로 꾸준히 하락해 2014년에는 33.0%까지 내려갔다.[4]

이를 통해 알 수 있는 것은 공무원 개방형 직위제가 매년 확대되고 있지만 개방형 직위제도가 제대로 시행되지 못하고 있다는 사실이다. 낮아지고 있는 외부임용률에서 실제적으로 공무원 출신이 아닌 민간인의 비율을 살펴보면 사태의 심각성을 더욱 절실하게 알 수 있다. 이를 위해 2013년을 중심으로 살펴보면 과장급 이상 공무원 개방형 직위가 421개로 지정되었지만 기존 현직자 166명이 계속 근무를 하고 있다. 그리고 개방형 직위제를 통해 실제 충원된 인원은 227명이다. 충원된 227명 중에서 공무원 출신은 모두 177명으로 실제 충원 인원에서 77.9%를 차지하고 있다. 177명 중에서 145명(63.9%)은 내부임용으로 현재 근무하고 있는 부처와 같은 부처의 출신이고, 32명(14%)이 다른 부처의 출신이다. 나머지 50명만이 민간인 출신이다. 이들의 비율은 직위지정 421개에 대비해 보면 11.9%에 불과하다(표 3).

---

4 여기에서 외부임용률은 총 충원 수에서 외부임용이 이뤄지는 비율을 말한다. 개방형 총 직위수와 충원 직위수 간의 차이가 발생하는 것은 충원이 아직 진행 중이거나 최초 직위지정 이후에 내정자가 있어 충원절차가 개시되지 않은 문제, 기존의 재직자가 계속 근무를 하고 있는 등의 이유 때문이다.

〈표 3〉 공무원 개방형 직위 운영 현황 (2013)

단위: 명, %

직위 지정 수	충원 수	외부임용						내부임용			현직자	
		민간인			타부처			자부처				
		인원	임용률		인원	임용률		인원	임용률		인원	직위 지정 수 대비
			직위 지정 대비	충원 대비		직위 지정 대비	충원 대비		직위 지정 대비	충원 대비		
421	227	50	11.9	22.0	32	7.6	14.0	145	34.4	63.9	166	39.4

출처: 안전행정부 국정감사 자료. 2014b. '각 부처별 개방형 직위제로 분류된 직위의 출신현황'

〈표 4〉 고위공무원단 개방형 직위 운영 현황 (2013)

단위: 명, %

직위 지정 수	충원 수	외부임용						내부임용			현직자	
		민간인			타부처			자부처				
		인원	임용률		인원	임용률		인원	임용률		인원	직위 지정 수 대비
			직위 지정 대비	충원 대비		직위 지정 대비	충원 대비		직위 지정 대비	충원 대비		
166	139	31	18.7	22.3	26	15.7	18.7	82	49.4	58.9	17	10.2

출처: 안전행정부 국정감사 자료. 2014b. '각 부처별 개방형 직위제로 분류된 직위의 출신현황'

〈표 5〉 과장급 공무원 개방형 직위 운영 현황

단위: 명, %

직위 지정 수	충원 수	외부임용						내부임용			현직자	
		민간인			타부처			자부처				
		인원	임용률		인원	임용률		인원	임용률		인원	직위 지정 수 대비
			직위 지정 대비	충원 대비		직위 지정 대비	충원 대비		직위 지정 대비	충원 대비		
255	88	19	7.5	21.6	6	2.4	6.8	63	24.7	71.6	149	58.4

출처: 안전행정부 국정감사 자료. 2014b. '각 부처별 개방형 직위제로 분류된 직위의 출신현황'

개방형 직위제를 직위별로 구분해서 보면, 고위공무원단의 개방형 직위는 총 166개의 직위, 과장급 개방형 직위는 총 255개의 직위가 지정되었다. 166개의 고위공무원단 개방형 직위 중에서 실질적으로 충원된 인원은 139명이다. 이들 가운데 민간인 출신은 31명으로 22.3%에 불과하지만 공무원 출신은 108명으로 77.7%에 이르렀다. 공무원 출신 중에서 자부처 출신이 82명(58.9%)이고 타부처 출신은 26명(18.7%)이다(표 4). 255개의 과장급 개방형 직위 중에서는 현직자를 제외한 88명이 개방형 직위제를 통해 임용되었다. 이들 중에서도 공무원 출신은 69명(78.4%)에 달하였으며 자부처 출신이 63명(71.6%), 타부처 출신이 6명(6.8%)이다(표 5). 2013년에 과장급 공무원이 6,256명이지만 민간인 출신은 단 19명뿐이다. 부처별로는 전체 44개 중앙부처 중 해양수산부, 고용노동부, 교육부, 미래창조과학부, 국무조정실, 대검찰청을 비롯한 23곳(52%)은 과장급 이상 개방형 직위에 민간 출신을 단 한 명도 고용하지 않은 것으로 드러났다(표 6).

이러한 실태는 보건복지부와 식품의약품안전처 재취업자들을 통해 여실히 확인할 수 있다. 2005년부터 2014년까지 지난 10년간 보건복지부와 식품의약품안전처 소속 4급 이상 퇴직자의 재취업 현황을 보면, 4급 이상 퇴직자 474명 중 144명(30.4%)이 산하 기관이나 이익단체, 관련 사기업체 등에 재취업한 것으로 나타났다.

보건복지부 4급 이상 퇴직자 69명이 산하 공공기관으로 재취업한 사실이 드러났다. 더욱 눈길을 끄는 것은 이들의 보건복지부 퇴직 일자와 공공기관 재취업 일자다. 69명의 공공기관 재취업자 중 47명이 퇴직 후 일주일 이내에 보건복지부 산하 공공기관으로 자리를 옮겼다. 10명 중 7명꼴로 퇴직과 동시에 산하 기관으로 옮겨가는 사실상 낙하산 인사가 이루어진 것이다. 보건복지부 A국장은 2013년 11월17일 퇴직한 다음날인 18일 보건복지부 산하 국민연금공단 이사로 자리를 옮겼다. 2013년 7월 10일 퇴직한 B국장도 하루 뒤인 11일 국민건강보험공단 이사로 재취업한 것으로 나타났다. 보건복지부 C사무관은 2012년 6월 2일 퇴직과 동시에 바로 부처 산하 재단으로 자리를 옮겼다. 보건의료 행정의 중추적인 역할을 담당하는 식품의약품안전처 출신 공직자들의 재취업 관행은 더 큰 문제다. 최근 10년간 식품의약품안전처 출신 4급 이상 퇴직자 중 산하 기관과 협회 및 대학, 민간 기업체 등에 재취업한 이는 총 92명이었다. 이들 중 산하 기관으로 재취업한 사례는 11명이었고, 나머지 81명은 이익단체나 민간 업체에 재취업한 것으로 나타났다. 이들 중 식약처의 업무와 밀접한 관계를 맺고 있으면서 영리 활동을 하는 민간 제약회사 등 기업체와 대형 병·의원을 운영하는 대학으로 재취업한 이는 35명으로 38%에 이른다(보건복지부 및 식품의약안전처 국정감사자료, 2014).

이러한 문제는 특허청에서도 드러났다. 2010부터 2013년까지 특허청에서 퇴직한 고위공직자 123명 가운데 79명(69.9%)이 업무 관련성이 높은 유관기관에 재취업하였다. 특허청 6대 산하기관인 한국지식재산연구원, 한국지식재산전략원, 한국발명진흥회, 한국특허정보원, 특허정보진흥센터, 한국지식재산보호협회에 재취업하는 데에 소요된 기간은 평균 1일에 불과하였다(특허청 국정감사자료, 2014).

요약하면, 현행 개방형 공무원 제도가 민간 전문가 채용을 통한 경쟁력 강화보다 공무원 조직의 내부 승진이나 돌려막기 인사, 재취업의 통로로 변질되고 있는 것이다. 외부의 전문가 유치를 통한 전문성을 강화하려는 목적은 달성되지 않고 있는 셈이다.

3. 40년 제자리인 교육 시스템

전문성은 교육의 함수다. 행정관료의 전문성은 전문 교육과정에 의해 뒷받침된다는 것이다.

전문성이란 부처별로 차이가 나기 마련이다. 무엇보다도 공직자에 대한 교육수요를 무시한 중앙집중형에 문제의 출발이 있다. 공무원의 교육은 중앙집중형이 아닌 고객 중심의 부서별 맞춤형교육이 되어야 한다. 이를 위해서는 교육수요 및 개인역량에 대한 분석을 활성화하고, 교육내용과 프로그램을 다양화할 수 있는 방향으로 나아가야 한다(하미승 외, 2004).

현재 한국의 공무원 교육시스템은 중앙공무원교육원의 중앙집중형 교육구조로 교육의 전문화와 다양화를 저해하고 있다. 이러한 운영방식은 획일화된 교육 과정으로 이어지면서 문제는 더 심각해진다. 각 부처마다 설치된 교육훈련기관도 분야별 실무자들에게 기본적인 업무교육을 담당할 뿐 보다 넓고 깊은 전문교육을 담당할 역량을 갖추지 못하고 있다. 그 이유는, 교육내용이 수요자 중심이 아니라 공급자 중심으로 이루어지고 있기 때문이다. 교육내용에 대한 수요분석이 이루어진다고 할지라도 교육훈련 대상인원만을 파악함으로써 실질적으로 필요한 교육이 무엇인지를 알 수가 없다. 교육의 목적이 전문성과 동기부여가 결여된 승진을 위한 점수따기에 있다는 것도 문제다. 현재 한국 공무원의 평가방식은 직무수행능력이 얼마나 향상되었는가를 보는 것보다 얼마나 교육훈련을 제대로 이수했는가에 초점을 두고 있다. 이것은 교육훈련에 대한 수요조사나 부처별 교육자들에게 요구되는 지식·능력의 범위나 기준을 명확히 하지 않고는 평가하기가 어렵다. 교육훈련 이수 여부에 초점을 두는 현재의 평가방식은 '선(先)교육 후(後)승진'의 인사원칙과 연관되어 있다.

〈표 6〉 부처별 개방형 직위 운영 현황 (2013)

단위: 명

부처	직위 지정수	충원수	내부임용 자부처	외부임용 타부처	외부임용 민간인	현직자	공석
경찰청	2	2	1	1	0	0	0
고용노동부	13	4	3	1	0	6	3
공정거래위원회	5	2	1	0	1	2	1
관세청	8	3	2	1	0	3	2
교육부	22	12	9	3	0	9	1
국가보훈처	7	6	3	2	1	1	0
국가인권위원회	1	0	0	0	0	1	0
국무조정실	8	5	3	2	0	2	1
국민권익위원회	5	1	0	0	1	2	2
국방부	9	7	5	0	2	2	0
국세청	10	8	5	1	2	2	0
국토교통부	16	5	4	0	1	10	1
기상청	6	3	3	0	0	3	0
금융위원회	1	1	1	0	0	0	0
기획재정부	15	4	2	1	1	11	0
농림축산식품부	13	10	6	2	2	3	0
농촌진흥청	8	6	4	2	0	2	0
대검찰청	5	0	0	0	0	3	2
문화재청	3	2	2	0	0	1	0
문화체육관광부	26	21	13	0	8	4	1
미래창조과학부	24	11	10	1	0	11	2
방송통신위원회	1	0	0	0	0	1	0

방위사업청	7	6	1	1	4	0	1
법무부	16	3	1	0	2	13	0
법제처	5	3	2	1	0	2	0
병무청	4	4	3	1	0	0	0
보건복지부	24	15	6	0	9	6	3
산림청	5	2	2	0	0	2	1
산업통상자원부	15	8	6	1	1	7	0
새만금개발청	1	0	0	0	0	1	0
소방방재청	2	0	0	0	0	2	0
식품의약품안전처	11	7	4	1	2	4	0
안전행정부	22	8	4	1	3	14	0
여성가족부	3	2	0	0	2	1	0
외교부	37	29	16	9	4	6	2
조달청	5	1	1	0	0	3	1
중소기업청	6	2	1	0	1	3	1
통계청	7	5	5	0	0	2	0
통일부	6	6	5	0	1	0	0
특허청	12	4	4	0	0	8	0
해양경찰청	1	1	0	0	1	0	0
해양수산부	10	0	3	0	0	7	0
행정중심 복합도시건설청	1	0	0	0	0	1	0
환경부	13	5	4	0	1	5	3
합계	421	227	145	32	50	166	28

출처: 안전행정부 국정감사 자료. 2014b. '각 부처별 개방형 직위제로 분류된 직위의 출신현황'

이러한 후진적 교육형태는 '공무원훈련법'에 대한 정의에서부터 비롯된다. 행정 관료의 전문화에 중점을 두는 선진국의 공무원 교육훈련에 대한 개념과 현재 한국에서 내리는 공무원 교육훈련에 대한 개념은 상당히 다르다. 선진국에서의 그 초점은 '환경변화에 대한 적응력'이다. 그러나 한국은 교육훈련을 통하여 국가공무원에게 국민 전체의 봉사자로서 갖추어야 할 정신적 자세와 맡은 바 직무를 효과적으로 수행할 수 있는 기술과 능력을 배양시키는 데에 목적이 있다고 이야기하고 있다(황선범, 2014). 한국의 공무원교육훈련법은 1973년에 제정된 이후 약 40년 동안 그대로 크게 변화없이 지속되어오고 있다는 것이 관계자들의 중론이다. 이에 따라 끊임없이 변화하는 세상 속에서 공무원들은 과거지향적인 경직된 행정적 지식에 파묻혀버리고 환경에 대한 창조적 대응이나 문제해결은 찾아보기 어렵다.

IV. 공무원을 위한 구조의 부재

한국 행정관료의 전문성과 혁신을 위해서는 두 가지 구조가 필요하다. '전문성 향상을 위한 구조'와 '공무원 생활을 위한 구조'이다. 공무원들의 전문성 향상을 위한 구조만이 아니라, 공무원들이 생활하기에 좋은 구조가 존재해야 하는 것이다. 공무원의 역량은 강압적으로 형성되는 것이 아니다. 그들의 역량에 투자하고 그들이 일하기 적합한 구조를 형성해야 양질의 업무성과가 나올 수 있다.

현재 미국 정부에서는 '공무원의 경쟁력이 국가의 경쟁력'이라는 모토를 걸고 국가가 직접 인재 경영에 나서고 있다. 우수한 인력을 관료로 유치하기 위해 이들에 대한 보상과 인사혁신에 힘을 쓰고 있는 것이다. 고임금 제공, 채용절차 간소화, 다양한 경력 개발 기회 보장 등을 내세우고 있다.

싱가포르는 2010년 스위스의 IMD에서 조사한 국가경쟁력 조사에서 1위를 차지하였다. 이와 같은 성과의 원인으로 싱가포르 아시아경쟁력연구소장인 니오 분시옹은 싱가포르의 국가경쟁력을 공무원이 만들었다고 하면서 국가가 직접 공공부문의 인재에 적극

투자한 결과라고 하였다. 싱가포르는 공공부문 인재의 경쟁력을 민간부문에 비해 떨어지지 않게 하기 위해 공무원 월급도 높임으로써 인재 유치에 힘을 쓰고 있다.

그러나 한국의 경우는 퇴직연금 삭감, 정년 불안, 저임금, 보상에 비해 과중한 업무 부담, 일과 가정의 불균형 등으로 공무원의 사기가 떨어지고 있다. 근자에 들어 우수한 공직 인력이 불안정하게 흔들리고 있음을 어렵지 않게 확인할 수 있다. OECD 보고서에 의하면 2009년 한국 공무원의 과장급 연평균 보수는 OECD 22개국 중에서 19위, 팀장급은 18개국 중에서 17위를 기록하였다. 한국의 정부부처 과장과 팀장급 공무원 보수가 매우 낮다는 것을 보여주는 것이다. 연평균 보수에는 임금(wage and salaries), 공무원연금 등 고용주의 사회보험기여금(employer's social contribution), 그리고 총 근로시간에 대한 조정수당(working time correction)이 포함되어 있다. 2011년 기준 연평균 보수를 비교해보면 24개국 중에서 18위, 팀장급에서는 16개국 중에서 13위를 기록하였다. 순위에는 큰 차이가 없지만 한국의 연평균 보수는 감소하고 있다. 과장급의 경우 2009년 10만3천884달러에서 2011년 9만9천861달러로, 팀장급의 경우 2009년 8만7천623달러에서 2011년 8만5천602달러로 감소하였다. 이와 달리, 미국의 경우에는 2009년에 비해 연봉이 상승하였다. 과장급의 경우 22만2

천299달러에서 23만7천327달러로, 팀장급의 경우 17만3천228달러에서 25만6천474달러로 상승하였다(OECD, 2011; 2013). 물론 각국의 임금을 평면적으로 비교하는 것은 무리가 많다. 이러한 점을 감하더라도 한국 공무원의 생활과 관련된 조건이 양호하지 않은 것만은 분명하다. 특히 민간영역과 비교하면 더욱 분명해진다.

국내에서 민간기업의 임금과 비교하면 공무원에 대한 처우가 나빠지고 있음을 알 수 있다. 민간임금에 가까운 정도를 나타내는 '민간임금접근율'[5]과 민간공무원 보수증가율을 나타내는 '처우개선율'은 저조한 추세이다. 2014년까지를 기준으로 정부가 산출한 공무원 보수 변동 추이를 보면 민간기업과의 임금 격차는 갈수록 커지고 있다. 2005년 민간임금접근율은 93.1%에 이르렀으나 2006년 91.8%, 2007년 89.7%, 2008년 89%로 지속적으로 낮아졌다. 전반적인 하락세는 계속되어 2014년에는 84.3%를 기록하였다(그림 2). 처우개선율도 저조한 수치를 나타냈다. 구체적으로 2005년 1.3% 인상된 이후 2006~2008년 2%대의 인상률을 나타냈다. 그러나 2012년에 다시 3.5%로 낮아졌고 2013년과 2014년에는 각각 2.8%와 1.7%가 인상되는 데 머물렀다(그림 3). 이러한 자료는 민간기업과 공무원 간의 임금 격차가 적지 않다는 현실을 보여주

---

5 공무원보수의 민간임금 접근율은 민간임금을 100으로 놓고 공무원 보수가 어느 정도 수준인가를 비교한 것이다. 비교대상의 민간임금은 상시 근로자 100인 이상 중견기업의 사무관리직의 보수이다.

고 있으며, 같은 상태에서 10년간 제자리를 맴돌고 있어 그것이 공직사회로 인재들을 유인하는 데에 어려움이 되고 있다.

〈그림 2〉 민간임금접근율

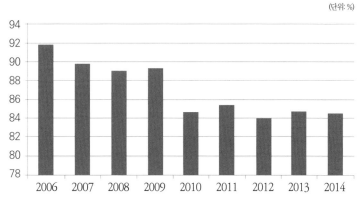

(단위: %)

출처: 인사혁신처. 2014. 『민·관 보수수준 실태조사 결과』

〈그림 3〉 공무원처우개선율

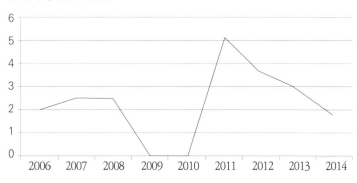

출처: 인사혁신처. 2014. 『민·관 보수수준 실태조사 결과』

결과적으로 그러한 현실 속에서 현재 공무원들은 불안을 느낌에 따라 명예퇴직을 신청하고 있다. 전체 공무원의 2014년 명예퇴직 수는 2013년 7,086명에 비하여 3,857명이 증가하여 10,943명이다(그림 4). 일반직 공무원으로만 놓고 봤을 때에는 명예퇴직 신청의 증가 추세는 더 가파르다. 2014년에 명예퇴직을 신청한 일반직 공무원들은 2013년 1,553명에 비하여 약 2.6배 증가한 4,161명이었다. 약 3배에 가까운 수치이다. 이것은 2005년 697명과 비교했을 때 약 6배나 되는 수치이다. 10년 간 비교하였을 때 가장 높은 수치인 것이다(그림 5).

〈그림 4〉 전체 공무원의 명예퇴직

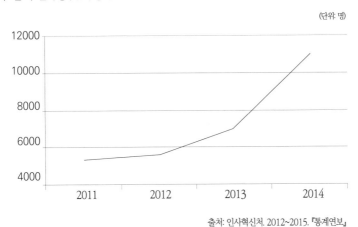

(단위: 명)

출처: 인사혁신처. 2012~2015. 『통계연보』

〈그림 5〉 일반직 공무원의 명예퇴직

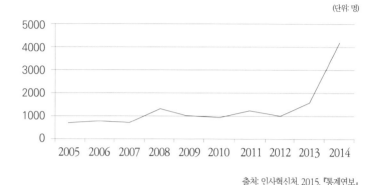

(단위: 명)

출처: 인사혁신처. 2015. 『통계연보』

이러한 상황 속에서는 인사혁신처가 추진하는 과감한 시도가 기대한 만큼 성과를 거두기는 어렵다. 이를테면 미국에서 한국 공무원 공직 설명회를 함으로써 우수한 유학생들을 공무원 사회에 투입시키려는 행위가 큰 성과를 거두기 어렵다는 것이다. 인사혁신처의 미국대학 한국 공무원 공직 설명회는 한국 공무원 공직 채용 정보를 접하기 어려운 재외동포에게 공직 진출의 기회와 관련 정보를 제공하고 안내하기 위함이다. 지금까지 미 동부권(뉴욕·하버드·보스턴), 동남부권(조지타운·조지워싱턴·에모리), 서부권(UCLA·USC·스탠포드 등) 등 12개 명문대학에서 열렸다. 공직사회에 필요한 것은 글로벌 감각이며 우수한 해외 인력을 영입해 이와 같은 강점을 불어넣겠다는 것이다. 그러나 현재의 공무원 처우를 생각하면 그것이 과연 실행 가능할지 의문을 갖게 만든다. 이미 해외동포가 700만 명이고 해외관광객이 연간 1,000만 명이 넘는 현실 속에서 해외 유학생들이 공직에 입문하는 길은 열려 있다고 할 수 있다. 다만 그에 상응하는 처우가 보장되지 않고 근무환경이 맞지 않기 때문에 지원자가 없는 것이라고 해석할 수도 있다.

현 상황에서 더욱 고민해야 되는 것은 공무원 보수의 상승만이 아니라 합당한 수준의 공무원 보수의 차등화다. 공무원들마다 처해 있는 상황이 다르다. 위험한 현장 근무를 해야 하는 곳, 매우 많은 정보를 처리해야 하는 곳, 상대적으로 일을 처리해야 하는 양이 많은 곳 등 다양하다. 다양한 공무원들의 처지를 획일적 규정으로 평가하는 것은 잘못된 것이다. 자연스럽게 힘든 업무를 회피하도록 하기 마련이다.

그러므로 민간부문보다 열악한 상황을 개선하는 것만으로는 해결이 안 된다. 공무원 처우개선을 위해 민간부문보다 열악한 상황을 해결하는 것에만 집중할 것이 아니라, 선진국에서처럼 공무원 보수에 대해 성과위주의 차등화, 개별화를 위한 노력을 해야 한다.

1990년 초부터 OECD 주요 국가들 중에서 특히 영국, 스웨덴, 호주 등은 보수, 공무원 계급구조 등을 근본적으로 개편하고 있다. 개편 내용의 핵심은 공무원 보수 및 계급구조를 각 부처, 기관별 사정에 맞게끔 정하도록 융통성을 부여해주는 것이다. 그 결과 각 부처, 기관별로 공무원의 계급구조 및 보수 수준은 다양하게 바뀌었다(OECD, 1996). 부처별, 자치단체별, 기관별로 행정수요, 업무의 수행난이도 등에서 차이가 남에도 불구하고 이를 반영하지 않는 획일적인 공무원 보수체계 시스템은 분명히 문제가 있다(최영출, 2002). 주요 선진국들에서 보여주는 것처럼 획일적 규정이 아닌 보수체계의 다양화가 필요하다.

V. 마무리: 전문성 거버넌스의 모색

1. 무능의 사회적 비용은 부패의 사회적 비용보다 훨씬 크다

이 글은 바람직한 행정관료의 생성을 위해 '지금 가장 시급한 문제는 행정관료 집단의 전문성이다'의 논제에서 출발하였다. 공무원들 스스로도 자신들에게 가장 필요하고 중요한 요건으로 전문성을 꼽고 있다. 근자에 발생한 일련의 사태에서 공통적으로 확인되는 문제는 행정관료의 전문성이 축적되기 어려운 시스템이라는 것이다.

그런데 정작 전문성을 위한 혁신의 메타 플랜(meta-plan)은 말할 것도 없고 체계적이며 진정성 있는 플랜을 찾아보기 힘들다. 사실 전문성 결여로 인한 무능이 청렴성과 책임성의 결여로 인한 부패보다 훨씬 많은 사회적 비용을 치른다. 논의를 단순하게 풀어 무능과 부패의 이분법을 놓고 보면, 무능의 늪이 부패의 늪보다 훨씬 깊고 더 심각한 문제라는 것이다.

그럼에도 불구하고 정작 전문성에 대한 관심이나 접근은 매우 부족하다. 역대 정부들은 출범할 때마다 거의 예외 없이 부패척결을 들고 나왔다. 민주화 이후 김영삼 정부에서부터(1993-1998년) 현 박근혜 정부에 이르기까지 다양한 형태의 반부패와 관련된 조치가 있었다[6]. 그러나 행정 관료 조직의 전문성을 위한 혁신은 프로그램 혹은 프로젝트 수준에서 간헐적으로 명문화되거나 시행되는 정도다. 역대 정부들이 출범할 때마다 예외 없이 단골 메뉴로 부패에 방점을 찍었지만, 정작 무능을 유능으로 전환하기 위한 혁신은 대단히 미약하다. 조직의 무능이 지속될 수밖에 없는 상황이다.

"5년 근이 20년 근을 어떻게 이기겠느냐?" 일각에서 나오는 냉소다. 무엇을 의미하는지 어렵지 않게 알아차릴 수 있다. 정권은 5년이 지나면 또 바뀌지만 관료는 그 자리에 영원히 남는다는 것이다. 시간은 정권보다 관료의 편에 있고 유리하다는 의미인 듯하다. 국가 차원에서의 혁신이라도 해당 부서나 관료 조직의 이해관계와 맞붙으면 당장은 변하는 것처럼 보이지만 결론은 항상 자명하다.

---

6 민주화 이후 역대 정부가 시행한 부패척결 관련 법안이나 정책을 보면 그 내용이 매우 다양함을 알 수 있다. 김영삼 정부(1993-1998년)에서는 부정방지위원회 설치, 깨끗한 선거로 정치권 부패 추방, 금융실명제 실시가 있었다. 김대중 정부(1998-2003년)에서는 반부패기본법 제정, 특별수사기구 설치, 돈세탁방지제도 도입, 내부고발자 보호제도 도입, 상설 특별검사제 도입, 재정신청제도 강화, 공직자윤리위원회 강화, 반부패특별위원회 설치, 공무원행동강령 제정이 있었다. 노무현 정부(2003-2008년)에서는 고위공직자비리조사처, 특별검사제도 상설화, 인사청문회, 공직자윤리법 강화, 정치자금제도 투명화, 부정부패사범 공소시효 연장, 돈세탁방지법 강화, 행정정보공개범위 확대가 있었다. 이명박 정부(2008-2013년)에서는 예방적 제도개선, 부패사범 처벌기준 강화, 투명사회협약 계도운동 활성화, 내부고발·공익침해신고자 보호강화가 있었다. 박근혜 정부(2013-현재)는 추천하는 특별감찰관제 도입, 대통령의 친인척 및 측근들의 비리와 부패 근절, 상설특별검사제 강화, 대통령 친인척 및 특수관계인 부패방지법을 추진하고 있다.

행정관료들의 전문성을 제고하기 위한 개혁을 몇 가지 제도를 마련하는 것과 등치시켜서는 안 된다. 그간의 화두였던 부패 척결이 상대적으로 단순한 구조라고 한다면, 무능을 유능으로 전환하는 전문성 강화는 복잡합 구조이기 때문이다. 문제의 원인이 거시적인 부분과 미시적인 부분을 아울러 다양한 차원에 배열되어 있다는 것이다. 전문성에 방점이 찍힌 혁신이 어려우며, 따라서 보다 큰 정치적 결단을 요구하는 까닭이 여기에 있다. 실질적인 개혁에는 '거시혁신(macro-innovation)'과 '미시관리(micro-management)'를 아우른 정치적 리더십이 강력하게 동반되어야만 한다. 다층적으로 배열된 전문성 결여 문제의 원인을 직시하면서 그 대안도 다양한 차원에서 강구되어야 한다는 것이다.

2. 중앙공무원교육원의 존재 가치

프랑스 행정관료의 자부심이 국가지도자양성소로 불리는 그랑제꼴(grandes ecoles), 대표적으로 ENA(국립행정학교) 출신이냐에서 비롯한다면, 미국 행정관료의 자부심은 이 분야에서 내가 최고라는 전문성에서 비롯한다. 한국 행정관료의 자부심은 어디에서 비롯되는지, 공적 책무를 수행하는 자긍심은 어느 정도인지를 진단해야 할 때다.

각 사회가 지닌 역사·문화적 상황 조건이 있는 만큼 어느 방식이 절대적으로 적합하다는 논의를 펴는 것은 적절하지 못하다. 그래도 만약 한국적 경로의존 속에서 개방성과 전문성이 한국 행정관료와 관료 시스템이 갖추어야할 최대 과제라고 한다면 미국식의 시스템을 '수용의 지대(zone of acceptance)'의 기준에서 진지하게 검토해볼 필요가 있다[7].

현재 한국 행정관료의 문제는 일률적 보직관리, 폐쇄적 임용, 누적되지 않는 전문성, 그리고 시대 상황에 조응하지 못하는 교육훈련 접근방식이다. 미국은 시장 논리에 의거하여 전문가형 인재 양성을 강조하고 있으며, 다양한 경로를 바탕으로 우수한 인재를 충원하며, 체계적인 전문 교육과정을 통해 전문 행정관료로서의 자질을 축적시킨다. 미국의 행정관료 선발과 양성은 전문성을 최우선으로 고려하고 있으며, 중앙집권식의 일괄 채용이 아니라 부처별로 해당 직책에 맞는 전문가를 자율적으로 선발하며, 채용 조건의 명시도 매우 구체적으로 제시됨에 따라 공정성 시비가 불거지지 않는 장점을 유지하고 있다. 미국은 경력형성의 책임이 개인에 있기 때문에 조직에서 관리한다는 개념이 없다. 개인이 다른 직위로 이동하지 않는 한 한 자리에서 계속 머물게 되어 있다. 일반

7   미국의 행정관료 양성과 관련된 구체적인 내용은 박길성(2015) 참조.

행정가의 경우에는 개인의 선호에 따라 부서를 옮기는 것이 가능하다. 이러한 구조 속에서는 공무원들이 한 자리에서 일하는 재임 기간을 매우 길게 연장시킬 수 있다.

미국에서는 공무원 전문성 향상을 위한 제도화된 경력개발 프로그램이 따로 존재하지 않는다. 그러나 개인의 전문성 향상을 위한 역량개발을 위해 각 부서 차원에서 제도와 차별화된 역량을 제시하고 있다. 이들은 직무와 연관된 교육훈련을 개인적으로 받을 경우에 재정지원을 제공하고 있다. 또한 대학에는 공무원 전문성 향상을 위한 매우 우수한 전문화 교육훈련 프로그램이 존재한다. 직위공모제를 둠으로써 조직 내외에 모두 개방적으로 직위와 관련된 경력 요건을 갖춘 지원자들을 선발하고 있다. 이들은 선발만이 아니라 승진도 부처자율주의를 통해 이뤄지게끔 하고 있다(최순영·장지원, 2009). 요약하면, 미국에서는 전문성 향상을 위해 부처별 자율성, 공직 개방성, 잦은 인사이동 차단, 전문화교육 프로그램을 적극 활용하고 있는 것이다.

한국 행정관료 교육의 전당인 집체식의 중앙공무원교육원 같은 교육으로 오늘의 시대적 요구를 이끌어갈 수 있는지, 그 존재 이유와 가치에 대해 근본적인 물음을 던져 보아야 한다. 정신력 함양, 소양교육, 시책교육으로 경도된 1973년에 만들어진 구래의 공무원교육훈련법을 계속 안고 가야 하는지도 의문이다.

3. 미시관리 몇 가지

전문성을 위한 혁신만큼 모든 것이 변하고 모든 곳이 바뀌어야 한다는 명제를 다급하게 요청하는 것도 없을 것이다. 그만큼 어렵다는 것이다. 행정의 관점에서 부처 맞춤형 전문가를 양성하거나, 관료의 전문성 향상과 축적을 위한 방안은 그동안 많이 제기되었다. 그 중에서도 전략적 접근이 필요한 장기 재직 전문가 양성의 길을 트는 시도를 의미 있게 받아들인다. 2014년에 이르러서야 겨우 정부는 쓰라린 세월호 참사를 경험하고 통상이나 안전과 같은 전략적 접근이 특별히 요청되는 업무분야에는 일률적인 순환 보직의 관행을 깨고 장기 재직으로 전문가를 양성한다는 계획을 밝힌 바 있다(안전행정부, 2014). Two-Track 보직관리 체계다. 부처의 직위를 장기 근무형과 순환 근무형으로 구분하고 근무기간에 따라 인센티브를 차등 부여하면서 정착시켜 보겠다는 것이다. 이것은 Z형 인사에서 Y형 인사로의 제도적 정착의 시작이다. 많이 늦었지만 빨리 정착해야할 과제다. 부처 맞춤형 전문가를 양성하는 중요한 첫 걸음이다.

정부는 정작 행정관료를 잘 모른다. 이들이 무엇을 원하는지, 이들의 품격은 어떻게 형성되는지, 스스로를 어떻게 평가하는지, 생애주기(life course) 별로 제기되는 이슈는 무엇인지. 통제(control)의 시각이 아니라 역량 강화(empowerment)의 시각에서 챙겨 보아야할 것이 한두 가지가 아니다. 거창하게 [행정관료백서] 까지는 아니더라도 [행정 관료 리포트] 정도는 발간되어야 할 것이다. 행정관료에게 일방적으로 쏟아지는 때로는 부당하고 편향된 시선에 대해 변론의 기회가 주어져야 한다. 개인의 문제인지, 조직의 문제인지, 관료제의 문제인지, 한국사회의 문화를 관통하는 상황조건의 문제인지 말이다.

4. 동량지재

'동량지재(棟梁之材)'란 말이 있다. 한자어의 뜻을 그대로 따르자면 "마룻대와 들보로 쓸 만한 재목(材木)"을 의미한다. 마룻대와 들보는 지붕의 하중을 기둥으로 분산시키는 역할을 하는 것으로서 집안으로 들이치는 비바람을 막아주는 것이 지붕이라면 지붕이 제 기능을 다함에 있어 '동량'은 필수불가결의 요소이다. 국민 삶의 터전인 국가의 경우도 꼭 이와 같다. 국민 삶의 안정성을 보장하며 이에 예측 가능성을 부여하는 것이 국가의 역할이라면, 국가가 그 역할을 온전히 수행하는 데 없어서는 안 될 존재가 바로 '관료'들이다. 나라의 중임을 맡을 만한 인재를 동량지재라 부르는 이유다.

자고로 우리나라에서는 밤낮으로 배우고 익혀 나라의 녹(祿)을 먹는 일로 나아감을 일신의 최고 영예로 여겼으며, 이 영예를 누릴 만한 동량이 갖추어야 할 자격은 엄중했다. 관료의 자질을 논함에 있어서 사람의 됨됨이를 중시했던 바, 그 직업적 역량을 상대적으로 소홀히 여겼다기보다는 그러한 역량은 하나의 전제조건쯤으로 인식되어 왔다고 보는 편이 옳을 것이다. 역량이 부족한 자를 두고는 그 품성을 논할 필요도 없으며, 국가의 대소사를 맡기는 일 또한 상상할 수 없었기 때문이다. 관건은 출중한 능력을 갖춘 사람이 국가의 대업을 위해 봉사함으로써 국민 전체의 안녕을 도모할 수 있도록 하는 것이었다. 비유컨대 강고한 재목을 잘 짜인 국가의 틀 속 '마룻대와 대들보의 자리에 끼워 넣고', '본디 마룻대와 대들보가 하는 역할을 문제없이 수행할 수 있게끔 하는 것', 즉, 잘 다듬어진 인재의 '배치'와 '활용'을 이 시대에 새삼 중요하게 여기며 혁신의 과제로 새겨야 할 것이다.

참고문헌

강원택. 2014. "국가의 무능과 관료제." 동아일보 2014. 5. 9.

국민권익위원회 부패방지국 청렴조사과. 2014. 『2014년 부패인식도 종합 결과』

권혁빈. 2013. 『행정에 대한 공무원 인식 조사』. 한국행정연구원.

김광호. 2008. 『정부부문의 전문성 제고를 위한 인사제도의 개선: 순환보직을 중심으로』. KDI.

김선혁. 2008. "세계화와 행정: 이론적 성찰과 정책적 함의." 『한국행정학회보』. 제42권. 제1호. pp.7-25.

김재훈·이호준. 2012. 『공직임용제도와 공직수행에 관한 연구』. KDI.

김태유·신무주. 2009. 『정부의 유전자를 변화시켜라: 성공하는 정부의 신공직인사론』. 삼성경제연구소.

남궁근·류임철. 2004. "공직의 전문성 제고를 위한 보직관리시스템 개선방안." 『한국인사행정학회보』. 3(2): 93-120.

류나영. 2014. 『공공부문 신뢰에 대한 인식조사』. 한국행정연구원.

박길성. 2015. "국가엘리트 생성 메커니즘: 프랑스, 독일, 미국 행정관료엘리트." 류석진·조흥식·박길성·장덕진·최동주. 『미래사회의 리더십과 선진국가의 엘리트 생성 메커니즘』. 아시아.

보건복지부 및 식품의약품안전처 국정감사자료. 2014. "최근 10년간 식품의약품안전처 4급 이상 고위공직자 중 퇴직자 재취업현황(2005~2014.4)"

송복. 2015. "다가오는 재앙, 관료 치국과 망국." 박태준미래전략연구소 기획. 『10년 후 한국사회』. 아시아.

안전행정부. 2014. "통상·안전 등 전략적 분야, 장기재직으로 전문가 양성." 보도자료. 2014. 7. 1.

안전행정부 국정감사자료. 2014a. "안전관리본부 공무원 인력현황자료."

안전행정부 국정감사자료. 2014b. "각 부처별 개방형 직위제로 분류된 직위의 출신 현황."

이근주. 2010. "해방이후 우리나라 중앙부처 공무원 교육훈련에 대한 추세분석." 『한국인사행정학회보』. 9(1): 31-57.

이선우·조선일·권용수·노승용. 2013. 『공직 전문성 강화를 위한 보직관리 등 개선방안 연구』. 한국인사행정학회.

이종범. 2000. 『지식정부를 위한 고시제도 개혁』. 나남출판.

인사혁신처. 2014. 『행정부 국가공무원 인사통계』

인사혁신처. 2014. 『민·관 보수수준 실태조사 결과』

인사혁신처. 2012 ~ 2015. 『통계연보』

장용석. 2015. "무사안일한(?) 공무원을 위한 변론." 이창길·최진욱·문명재·노종호·박순애·박진·원숙연·윤태범·이근주·이환범·임승빈·장용석·정국환·조선임·최도림·최상욱. 『대한민국 정부를 바꿔라』. 올림.

최순영·최진욱. 2007. 『부패행위에 대한 제도적 통제』. 한국형사정책연구원.

최순영·장지원. 2009. 『공무원 전문성 제고를 위한 경력개발제도의 재설계방안』. 한국행정연구원.

최영출. 2002. "공무원 처우개선에 관한 연구." 『한국토지행정학회보』. 9(1): 61-89.

최장집. 2005. 『민주화 이후의 민주주의』. 후마니타스.

특허청 국정감사자료. 2014. "4급 이상 고위공직자 중 퇴직자 재취업현황(2010~2013)."

하미승·하재룡·권용수. 2004. "공무원 교육훈련시스템 재설계." 『한국인사행정학회보』. 3(2): 177-205.

행정자치부. 2008. 『공무원 교육훈련기관 종합평가 결과』

황선범. 2014. 『한국 공무원 교육훈련제도의 발전방안에 관한 연구: 정치환경변화에 따른 제도변화를 중심으로』. 선문대학교 행정학과 박사학위논문.

International Institute for Management Development. 2015. *IMD World Competitiveness Yearbook 2015.*

Lodge, Martin and Kai Wegrich (eds.). 2014. *The Problem-solving Capacity of the Modern State: Governance Challenges and Administrative Capacities.* Oxford University Press.

OECD. 1996. *Pay Reform in the Public Service: Initial Impact on Pay Dispersion in Australia, Sweden and the United States.*

OECD. 2009. *Government at a Glance 2009.*

OECD. 2010. *Managing Competencies in Government: The State of the Art Practices and Issues at Stake for the Future.*

OECD. 2011. *Government at a Glance 2011.*

OECD. 2013. *Government at a Glance 2013.*

OECD. 2015. *Government at a Glance 2015.*

Ohmae, Kenichi. 1993. "The Rise of the Regional State." *Foreign Affairs.* 72(2): 78-87.

Osborne, David and Ted Gaebler. 1992. *Reinventing Government: How the Entrepreneurial Spirit is Transforming the Public State Sector* (삼성경제연구소 편집부 옮김. 1994.『정부 혁신의 길: 기업가 정신이 정부를 변화시킨다』. 삼성경제연구소.).

Przeworski, Adam. 1991. *Democracy and the Market: Political and Economic Reforms in Eastern Europe and Latin America* (임혁백·윤성학 옮김. 2010.『민주주의와 시장』. 한울).

Transparency International. 2014. *Corruption Perceptions Index 2014.*

UNDP. 2006. *Capacity Development: Lessons of Experience and Guiding Principles.*

Weber, Max. 2013.『소명으로서의 정치』. 최장집 엮음. 박상훈 옮김. 후마니타스.

뉴시스. 2015. 6. 1. "보건노조, '메르스 대응, 청와대 컨트롤타워 구축해야!'"

매일경제. 2015. 9. 23. "경력만 관리하는 공무원 '빵빵이 人事'"

매일경제. 2015. 9. 23. "'호치키스 찍는 자리라야 출세' 주요 보직 돌아가며 맡아"

서울경제. 2014. 7. 28. "'관피아' 프레임에 갇혀버린 공직개혁"

시사인저널. 2015. 6. 17. "'메르스 무능' 뒤에 그들만의 카르텔 있다"

연합뉴스. 2015. 9. 14. "공무원 연수보고서 상당수 표절 의혹"

조선일보. 2014. 5. 14. "美·英은 애초부터 특정분야 전문가 공개 선발"

조선일보. 2014. 5. 14. "개방형 직위, 민간인 지원자 들러리 세우는 경우 많아"

조선일보. 2014. 5. 15. "한 자리 1년도 못 채우고 빙빙 도는 高位 공무원들"

조선일보. 2015. 11. 2. "[최보식이 만난 사람] 공무원들 숫자가 너무 많아… 規制하고 간섭할 대상만 찾고 다녀"

조선일보. 2015. 11. 16. "[최보식이 만난 사람]공무원은 過去에 머물러있다… 교과서대로 하면 무슨 창의성 있나"

파이낸셜뉴스. 2014. 5. 1. "불사조 공직자의 '책상머리 지휘', 대한민국을 침몰시키다"

CBS노컷뉴스. 2011. 6. 2. "'선진국 배운다' 해외 가는 공무원, 행태는 30년 전 그대로"

의안정보시스템. http://likms.assembly.go.kr/bill/jsp/main.jsp

World Bank. http://data.worldbank.org

사회변화에 따른 관료의 충원 및
고용방식 개편

이종수

이종수

학력
연세대학교 행정학과 졸
연세대학교 대학원 행정학과 석사
영국 Sheffield 대학교 Ph.D.

주요 경력
현 연세대학교 행정학과 교수
미국 예일대학교 로스쿨 Fulbright 방문교수
일본 입교대학교 초빙연구원
대통령직속 지역발전위원회 위원
헌법재판소 제도개선 위원
행정자치부, 외교통상부 자문위원
행정고시 출제 및 채점위원

주요 저서 / 논문
『공동체: 유토피아에서 마을만들기까지』
『한국사회와 공동체』
『정부혁신과 인사행정』

Ⅰ. 정부의 역할과 관료 엘리트

21세기의 개막과 함께 '정부가 사라진 거버넌스'(governance without government)의 시대가 개막되는 듯했다. 거버넌스의 위쪽으로는 세계기구와 지역블럭이 자리잡고, 아래쪽으로는 지방분권화가 심화되며, 수평적으로는 NGO의 확대와 민영화의 추이로 말미암아(이종수, 2006: 136) 기존의 정부는 공동화(空洞化) 되리라는 예측이 나타났다. 토플러는 기존의 정부(政府)는 큰 일을 하기에는 너무 크고, 작은 일을 하기에는 너무 작다'고 지적한 바 있고, R.A.W. Rhodes는 '정부가 사라진 거버넌스'의 시대를 예측했다.

그러나 21세기가 개막된 후 현상적으로 나타나는 흐름에서 정부의 중요성은 축소되지 않고 있다. 제2차 세계대전 후 정부의 오롯한 영역이었던 경제의 운영과 관리는 규제에 대한 논란만 야기하고 있을 뿐 아직도 굳건한 정부의 기능으로 간주되고 있고, 사회적 위기나 갈등 그리고 경제불황(조홍식, 2015: 77), 가정의 해체, 심지어 정치적 혼란의 심화 속에서 정부의 역할은 그 중요성을 더해가고 있다. 이른바 정부의 수비범위가 축소되기는커녕 오히려 증가하는 셈이다. 특히, 21세기의 개막 이후에 경제적 위기와 침체가 장기화되면서 경제적 성장과 위기대응에 대한 정부의 역할이 더욱 강조되고 있다. 아직도 정부는 일종의 '무한책임 회사'로서 그 영향력을 행사하고 있는 것이다.

국가, 좀 더 정확히 말해 정부의 중요성을 주목하고 그 역할을 논할 때, 우리는 관료를 주목하지 않을 수 없다. 규범적 차원에서 관료는 국민이 정치가에게 위임한 정책의 방향을 충실히 실행하며 보좌하는 존재다. 정치가 정책을 결정하면, 행정은 그것을 집행하는 존재라는 뜻이다. 그러나 현실적으로 나타나는 현상은 그 반대다. 정책을 기준으로 놓고 볼 때, 행정이 정책을 결정하면(maker) 정치는 그것을 수용하는(taker) 경우가 대부분이다.

이러한 현상은 현대사회의 국가가 행정국가화 되는 보편적 문제를 반영하는 결과로 볼 수 있지만, 다른 한편에서 보자면 한국과 같이 입법국가의 시대를 거치지 않은 채 권위적 개발국가를 지향한 정부에서 나타나는 반(半)민주적 국가운영의 현실로 볼 수도 있다.

　세계적으로 관찰되는 현대국가의 보편적 현상으로 보든 혹은 권위적 개발연대의 부작용으로 보든 한국정부에서 관료가 차지하는 비중은 지대하다. 이들의 가치관과 역할 그리고 역량을 빼놓고 정부개혁 혹은 국가의 성숙을 운위하는 것이 무의미할 정도다. 정부개혁을 통한 지속적인 경제성장을 추구하는 경우이든 민주적이고 투명한 사회의 성숙을 목표로 하는 경우이든 변화의 실제적 장에는 핵심적 행위자로 관료가 존재한다. 이들을 개혁하고, 그래서 이들이 개혁의 주체가 됨으로써 사회발전은 순조롭게 이루어질 수 있다는 의미다.

　일반적으로 관료가 수행하는 사회적 역할은 정부 자체가 국가사회 내에서 수행하는 거시적 역할의 특성을 그대로 반영한다. 역사적으로 정부는 지배와 억압 → 발전과 개발 → 복지와 사회지원의 역할을 수행하여 왔다. 민주화의 진전과 경제사회적 환경에 의해 관료에게 부여된 사회적 역할이었던 셈이다. 정부의 이러한 역할변화에 따라 관료의 역할 역시 지배 → 기획 → 조정으로 변모하여 왔다고 볼 수 있다. 전통사회에서 관료는 사회적 지배계층의 일부로 기능하다가 근대와 현대의 발전국가 체제 하에서 개발의 역군을 자임하여 왔고, 20세기 중반 이후에는 사회적 조정자의 역할을 지향하여 왔다.

한국에서도 이러한 현상은 동일하다. 20세기 중반 일제로부터 광복을 쟁취하는 단계까지 관료는 강력한 지배계층의 일부였고, 해방 후 근대화를 추진하는 단계에서는 경제사회 발전을 주도하는 핵심적 추진주체였다. 그 후 1980년대를 거치며 시민사회가 정치적 정당성과 권한을 획득하고 사회문제가 한층 복잡성을 더해가며 관료는 '조정자'의 역할을 자임하게 되었다.

시대의 흐름에 따라 관료의 역할이 변화할 수밖에 없던 근저를 살펴보면, 관료 엘리트들의 '역량'이 다른 사회 구성원들에 비해 상대적으로 하락해 왔음을 관찰해볼 수 있다. 지배계층의 일부로 역할을 수행하던 시기는 말할 필요도 없고, 국가의 경제발전을 주도하는 근대화의 역군으로서 역할을 수행하던 시기의 관료 엘리트는 사회의 다른 구성원들보다 높은 전문성과 효율성을 보유한 존재였다. 이른바 개발연대에 해당하는 시기에 정부의 관료 엘리트는 민간기업과 시민사회의 엘리트들을 압도하는 월등한 역량의 소유자들로 평가받았다. 그들은 상대적으로 우월하고 높은 능력을 바탕으로 높은 수준의 정치적 자율성을 누리며, 경제발전의 기획과 사회적 규제를 주도하였다.

한국의 경우, 1980년대 들어서면서 정부의 역할과 관료의 역량에 대해 심각한 회의(懷疑)와 비판이 점증하게 된다. 정부 주도의 발전전략이 다양한 한계와 부작용을 노출하였고, 관료 역시 복잡한 시장과 민주화된 시민사회 그리고 세계화의 파도를 끌고 가기에는 충분한 역량을 보유하고 있지 못하다는 인식이 일반화 되었다. 정부의 역할 자체가 과거의 '성장'을 기조로 하던 패러다임에서 벗어나 균형과 안정, 그리고 세계화를 지향하게 된다. 실제 정부주도의 발전정책이 1981년 제4차 경제발전계획의 종료와 함께 막을 내리고[1], 근본적 방향전환이 현실화 되었다. 이 시기 미국과 영국에서 촉발된 신자유주의 물결 또한 공공부문을 민간부문의 부담으로 여기고, 관료에 대한 비판적인 시각을 확산시키기 시작하였다.

한국은 현재의 시점에서 경제적 측면에서는 1인당 국민소득 3만 달러에 근접하고 있으며, 정치적으로는 다양한 갈등을 극복하고 1980년대 쟁취한 민주주의를 스스로 교정하며 성장해 가고 있다. 대외적으로는 총체적인 세계화의 파도 속에서 새로운 세계규범과 질서를 끊임없이 호흡해야 하는 처지에 놓여있다. 국내의 다양한 사회문제를 해결하고 외부적 세계화에 효과적으로 대처하기 위해, 정부의 대응력을 제고하는 것이 매우 중요한 과제이다. 이를 위해 관료 엘리트의 역량을 개선하는 일이 핵심적 과제인 셈이다.

여기서 관료의 '역량'이라는 단어를 의도적으로 사용하고자 한다.

---

1   1981년에 제5차 계획이 정부에 의해 수립되었지만, 계획의 명칭이 사회발전을 포함하는 방향으로 바뀌고, 내용 역시 성장을 빼고 안정과 균형을 강조하는 방향으로 변모하였다.

사회 내에서 관료가 보유하는 문제해결 능력을 총체적으로 지칭할 때, '역량'이라는 개념이 적합하기 때문이다. 과거에는 오랫동안 '능력'이라는 단어를 사용하여 왔으나, 이는 보통 IQ나 지적 수준을 주로 지칭하는 의미로 사용되었다. 이에 비해 역량은 지적 능력을 포함하여 리더십, 전문성, 소통과 성찰 능력을 총칭하는 어휘로 받아들여진다.

이 글은 기본적으로 한국사회 내에서 관료가 보유하는 역량을 주목하고, 이를 개선하기 위한 과제의 하나로 충원과 고용의 방식을 진단해보고자 한다.

관료 엘리트가 뛰어난 역량을 보유토록 하는 방안에는 여러 요인이 있을 수 있다. 고등교육 과정의 개선을 비롯하여 보상과 동기부여, 직무훈련 등 다양한 요소가 존재하지만, 이 글에서는 충원과 고용방식을 핵심적인 분석의 대상으로 삼는다. 결국, 사회의 구성원들이 관료 엘리트의 지위를 획득하여 정부로 진입하는 '충원'의 단계가 수많은 여타 요소들과 직접 연결되어 있기 때문이다. 일부 고용의 방식을 더불어 거론하지 않을 수 없는 것은 충원이 바로 고용방식의 일부이기 때문이다. 관료로서 모집 이후의 근무조건을 지속시키는 구조가 곧 고용방식인 셈이다.

구체적으로 문제를 진단하고 대안을 모색하는 데에는 문헌고찰과 심층면접 방법을 함께 사용하기로 하겠다. 관료 엘리트의 범위를 5급 공무원 이상으로 설정하고, 이들을 충원하는 과정의 문제점을 분석하고, 대안을 제시하고자 한다. 일차적으로 문헌분석을 통해 5급 관료 엘리트의 충원실태를 정리한 후, 실제적 문제점을 도출하기 위해 2015년 5급 공채시험에 참여한 시험진행 위원들과 수험생들을 대상으로 심층면접을 수행하게 된다. 심층면접은 정부의 전·현직 국장 4인, 현직 교수 3인, 그리고 2015년 5급 공채시험에 합격한 6명의 합격자를 대상으로 진행한다.

II. 한국 행정관료 엘리트의 충원방식

1. 5급 공채제도의 진화

대한민국 정부수립 이후 행정관료 엘리트로 진입하기 위한 시험은 '행정고시'로 통칭되어 왔다. 현재 공무원의 직급체계로 보자면, 5급 공채시험제도를 지칭하는 것이다. 현재 직급 기준 5급 시험은 공직 후보자들이 관료 엘리트로 진입하는 관문이다. 인사혁신처의 실태조사에 의하면(인사혁신처, 2013), 현재 5급 사무관이 9급 공무원으로 입직한 경우, 5급으로 승진하기까지 평균 소요된 시간은 25.2년이다. 또, 현재 4급 서기관이 7급으로 채용되어 4급으로 승진하기까지 걸린 시간은 평균 22.1년이었다. 이를 통해 볼 때, 3급 이상의 고위공무원은 그 절대다수가 5급 공채제도를 통해 입직한 엘리트들임을 알 수 있다[2].

제도적으로 현재의 5급 공무원 채용제도는 1950년 본격화 되었다. 광복 후 1949년 국가공무원법이 제정되고, 이어서 "고등고

---

2   현재 고위공무원 중 5급으로 입직한 경우, 이들이 고위공무원으로 승진하는데에는 평균 21.2년이 소요되는 것으로 분석되었다(인사혁신처, 2013).

시령"이 제정 및 공포되었다. 이에 따라 '고등고시 행정과'와 '고등고시 사법과'로 분류되어 공무원을 선발하였다. 이때의 공무원 직급체계는 1급 - 2급 - 3급 갑류 - 3급 을류 - 4급 갑류 - 4급 을류 - 5급으로 구성하고, 고급 공무원 후보들을 선발하였다. 이 직급체계 속에서 고급 관료의 채용은 3급 직급으로의 충원을 의미했다.

1차 객관식 시험, 2차 주관식 서술시험, 3차 형식적 면접으로 진행되어온 고시제도는 2002년 1월 26일 공무원임용시험령 개정으로 전환을 맞는다. 우선, 1차 객관식 시험이 공직적성평가제도(PSAT)에 의해 대체되었다. 전공과목에 대한 단순 선택형 시험을 폐지하고, 상황판단과 자료해석, 논리 그리고 언어 등에 대한 객관식 시험을 공직적성평가제도라는 명칭으로 도입하였다[3].

2011년에 이르러 고시제도는 사회적 비판과 요구를 다시 수렴하게 된다. 전통적인 고시라는 명칭을 5급 공채시험으로 개칭한 것이다[4]. 여기에는 기존의 고시제도에 대하여 다양한 비판이 제기되었기 때문이다. 이를 요약하자면, 지필고사 위주의 선발시험이 실제 행정업무를 수행하는 업무역량을 평가하는 방식으로서의 적

---

3   새로운 제도를 내용적 측면에서 보자면, 공직적성평가에 해당하기 보다는 공직의 기초소양 평가에 해당한다.

4   고시라는 명칭은 조선시대 이전부터 사용되어 천 년 이상의 역사성을 보유하는 개념이다. 이 명칭을 폐기함으로써 지필고사가 갖는 폐단을 극복하고자 했던 것은 타당하지 않은 판단이었다. 역사성을 보유하는 고시라는 명칭과 지필고사의 개혁은 다른 차원의 문제이기 때문이다.

합성이 낮다는 점, 평균 4년[5]으로 추산되는 고시 준비기간이 공직 희망자들의 문제해결 능력의 양성보다는 단순 평가에 치중하고 있다는 문제, 대규모 수험생 집단의 시험준비 및 탈락으로 인한 사회적 낭비 등이 주로 지적되어 왔다.

또한 고시 출신의 배타적 순혈주의 의식을 보유하고 관료 카르텔을 형성하여 정부의 비효율성과 규제과잉 문제를 야기한다는 점이 강력히 제기되었다. 이러한 비판에 직면하여 정부는 2011년 고시제도를 폐지하고 5급 공개경쟁채용시험과 민간경력자 5급 일괄채용 제도를 도입하여 운영하게 되었다(유민봉·박성민, 2013: 250)[6].

- 1973년 '공무원임용시험령'이 개정되어 '고등고시'라는 명칭이 부활함. 1981년 6월 10일 공무원임용령의 개정으로 일반직 직급체계가 1~5급에서 현재와 같은 일반직 1~9급 체계로 변동.
- 1995년 지방공무원임용령이 개정되어 "지방5급공개경쟁신규임용시험" 즉 지방고등고시가 시행됨.
- 2002년 1월 26일 "공무원임용시험령"이 개정되면서 1차 시험에 공직적성평가제도(PSAT) 도입, 영어시험을 토플, 토익, 텝스 등으로 대체 등의 내용이 반영됨. 또한 양성평등채용목표제 도입됨.
- 2003년 11월 27일 "지방공무원임용령"이 개정되면서 "지방고등고시"가 폐지되고 2004년부터는 "행정고등고시 지역별 구분모집"으로

5   필자가 심층 면접한 2015년 합격자 6인의 평균 준비기간은 3년 7개월이었다.
6   이러한 공직시험제도의 문제점과 개편열풍은 한국만의 문제가 아니었다. 일본의 경우에도 기존의 공무원 채용시험제도를 폐지하여 현실의 업무 적합성을 높이는 충원제도를 도입하고자 노력하였다.

반영됨.

- 2005년부터 행정고등고시에 공직적격성평가(PSAT)와 면접시험의 일부로 역량평가 요소가 첨가됨.
- 2011년부터 행정고등고시 명칭이 폐지되고 5급 공채시험으로 개칭되었으며, 외무고등고시도 5등급 외무직, 5급 기술직으로 개편되고, 민간경력자 5급채용이 도입됨. 2017년부터는 5급 행정직, 5급 기술직에 1차 시험으로 헌법이 4지 선다형 객관식으로 40문항 추가될 예정.

[그림 1] 5급 공채제도의 변화 및 진화 과정

1949년	국가공무원법 제정
1950년	고등고시 행정과 제1회
1963년	행정고등고시(행정고시, 3급) 제1회 직급별 응시제한연령 설정
1973년	응시학력제한요건 폐지
1981년	직급체계 정비 (3급 → 5급)
1996년	지방고시 도입 (제 1 회)
2005년	공직적격성평가(PSAT)와 역량평가 면접 시도
2009년	응시상한연령제한요건 폐지
2011년	행정고시 명칭 폐지 → '5급 공채시험' 민간경력자 5급 채용
2017년 (예정)	1차 과목으로 헌법 추가 (4지 선다형, 40문항)

2. 최근의 충원 규모와 특징

　최근의 5급 공채로 인한 공무원의 선발규모는 계속 증가하여
왔다. 〈표 1〉은 행정과 기술, 그리고 외무 분야의 5급 채용규모
를 합산한 추계를 보여주고 있다. 표에서 볼 수 있는 바와 같이,
2011년 채용규모가 일시적으로 감소한 것을 제외하고, 충원규모
는 지속적으로 증가하여 왔다. 그 배경에는 정부업무에 전문성·다
양성을 확보하여 빠르게 변화하는 행정수요에 대응하고 업무역량
을 향상시키려는 취지가 놓여 있었고, 경제가 불황의 국면을 지나
는 동안 정부가 모범적 고용주로서 선발인원을 확대하려는 의도가
반영되어 있었다. 2014년도 공채로 충원된 5급 관료 엘리트는 총
430명이었다.

〈표 1〉 5급 공채 선발인원 변화 추이('08~'14)

구 분		2008	2009	2010	2011	2012	2013	2014
합 계		339	347	362	357	369	380	430
5급	행정	204	210	223	225	229	235	261
	기술	61	55	62	62	68	74	80
	외무	35	40	35	30	32	36 (후보자 45)	39
	지역*	39	42	42	40	40	35	50

*지역은 지자체로 배치되는 5급 지역구분 모집 인원 (출처: 행정자치부 자료)

위에서 언급한 바와 같이 2011년 5급 관료 엘리트의 충원은 공개경쟁채용 시험과 민간경력자 일괄채용시험으로 분화되었다. 민간부문의 경력자를 정부 관료로 유인하기 위하여 일괄채용시험이 부가된 결과였다. 공개경쟁채용과 민간경력자 일괄채용시험을 먼저 비교하여 보자. 〈표 2〉는 이를 요약하여 보여준다.

우선, 가장 큰 차이점은 자격요건에서 나타난다. 공개경쟁채용시험에는 자격요건상 제한이 없다. 가능하면 다양한 지원자들이 공직으로의 진입기회를 보유할 수 있도록 학력, 거주지, 성별 요건을 지속적으로 축소하여 왔고, 연령상 제약도 최소한의 상태만을 유지하고 있다. 반면, 민간경력자 일괄채용은 민간부문의 유경험자를 공직으로 충원코자 하는 제도이기 때문에 경력사항에 필요한 요건을 규정하고 있다.

5급 공개경쟁채용시험에는 학력 및 경력의 제한이 없으나, 민간경력자 일괄채용시험에는 관리자 경력 3년 또는 일반직원 경력 10년, 박사학위 또는 석사학위와 4년 경력, 「공무원임용시험령」상 자격증 소지 후 일정기간 근무자 등의 요건이 충족되어야 한다. 시험절차 측면에서도 민간경력자 일괄채용은 1차에서는 공직적격성시험을 공개경쟁과 동일하게 치르지만, 2차는 서류전형으로 대체된다. 담당하게 될 업무와의 연관성과 민간부문에서의 근무경력을 면접방식으로 평가하는 단계이다.

두 충원방식 모두에 있어서, 면접은 점점 중요성을 더해가고 있다. 2015년부터 공개경쟁채용시험의 면접평가가 강화되면서, 이틀에 걸쳐 면접시험이 이루어진다. 1단계는 그룹별 개인 발표와 직무능력 면접, 2단계는 공직가치관 및 인성 평가와 집단 심화토의를 중심으로 진행된다.

민간경력자 일괄채용시험 역시 면접을 중시한다. 면접에서 평가하는 주요 내용은 담당예정 업무와의 연관성, 민간에서의 근무경력 및 직무성과 등인데, 여기에서는 직무수행능력과 공무원의 자질유무가 평가의 주요 요소가 된다.

〈표 2〉 5급 공무원 충원을 위한 두 방식

		공개경쟁채용시험	민간경력자 일괄채용시험
자격요건		제한 없음	• 관리자 경력 3년 또는 일반직원 경력 10년 • 박사학위 또는 석사학위 + 4년 경력 • 「공무원임용시험령」상 자격증 소지 후 일정기간 근무자
시험 과정	1차 시험	PSAT(Public Service Aptitude Test) - 공직수행에 필요한 자질과 능력 검정 - 3개 과목(언어논리, 자료해석, 상황판단영역) 선택형	필기시험(공직적격성평가) • 5급 공채시험에 사용하는 PSAT 형태의 문제를 민간경력자에 적합하게 재구성 • 언어논리·자료해석·상황판단 등 초급관리자로서의 기본적인 능력을 검증
	2차 시험	채용분야별 4~5개 과목 논문형 (필수 3~4개 과목, 선택 1과목)	서류전형(직무적격성심사) • 담당예정 업무와의 연관성, 민간에서의 근무경력 및 직무성과 등을 심사
	3차 시험	1단계: 그룹면접(그룹별 개인발표, 인당 20분), 개별면접(직무능력 면접, 1인당 40분) 2단계: 집단면접(집단 심화토의, 70분), 개인별 면접(공직가치관·인성, 40분)	면접시험(개인발표 및 심층면접) • 보고서 작성 및 발표 등 실제 업무와 유사한 상황에서의 직무수행능력을 평가하는 '개인발표'와 국가관·윤리의식 등 공무원 자질을 평가하는 '심층면접'으로 구성(총 1인당 50분)

출처: http://www.injae.go.kr/user/intro.do;jsessionid=dO1rQTbSX+tmMRZdtaAL

[그림 2] 5급 공채시험과 민간경력자 일괄채용시험 비교

	공개경쟁채용시험	민간경력자 일괄채용시험
	자격 요건 제한 없음	• 관리자 경력 3년 또는 일반직원 경력 10년 • 박사학위 또는 석사학위 + 4년 경력 • 「공무원임용시험령」상 자격증 소지 후 일정기간 근무자
1 차 시 험	PSAT(Public Service Aptitude Test) • 공직수행에 필요한 자질과 능력 검정 • 3개 과목 (언어논리, 자료해석, 상황판단영역)	필기시험(공직적격성평가) • PSAT 형태의 문제를 민간경력자에 적합하게 재구성 • 언어논리·자료해석·상황판단
2 차 시 험	논술시험 • 채용분야별 4~5개 과목 논문형 (필수 3~4개 과목, 선택 1과목)	서류전형(직무적격성심사) • 담당예정 업무와의 연관성, 민간에서의 근무경력 및 직무성과 등을 심사
3 차 시 험	면접시험 * • 1단계 : 그룹면접(그룹별 개인발표, 1인당 50분), 개별면접(직무능력 면접, 40분) • 2단계 : 집단면접(집단 심화토의, 110분), 개별면접(공직가치와 인성, 40분)	면접시험(개인발표 및 심층면접) • 개인발표(보고서 작성 및 발표 등 직무수행능력 평가)와 심층면접(국가관·윤리의식 등 공무원 자질 평가) 총 1인당 50분

3. 5급 공채제도의 문제점

1) 시험 자체의 문제

(1) 필기시험의 타당성 미흡

고위 공무원으로 성장할 관료 엘리트들을 충원하는 공채제도의 첫 번째 문제점은 시험으로서의 타당성 미흡이다. 1~3차 시험으로 이루어진 평가방법이 사회적 요구와 행정업무 수행역량을 제대로 평가하지 못하고 있다는 내용이다. 이를 요약하여 정리하면 다음과 같다.

- 한국에서 공무원 시험은 객관성과 형평성에 대한 요구에 볼모가 되어, 타당성을 상실하고 있는 형편이다(이종수, 2006).
- 지필고사는 채용의 객관성을 높이고 정실(favoritism)을 배제할 수 있으나, 수험생의 준비부담이 높고, 업무 능력 측정과 관련이 낮은 선별수단이라는 한계가 존재한다(박영범, 2014).
- 지식 위주, 암기 위주의 시험문제로 문제해결 능력이나 부처가 원하는 역량 등이 반영된 인재상을 발굴하는 도구로 활용되기 어렵다.
- 1차 시험의 경우 공직적격성시험으로 지칭되고 있으나, 공직적격성 보다는 기본소양에 해당하는 내용이다. '공직'과 무관하게 1차 시험은 합격할 수도 있고, 오용되는 사례도 있다. 예컨대, 대학에서 1차 PSAT 시험 합격을 장학금 지급대상으로 정하자, 행정관료를 희망

하지 않는 학생들이 대거 1차에 합격하여 장학금 혜택만을 수령하는 일이 발생하였다. 이는 1차 PSAT 시험의 '공직' 연관성과 난이도를 다시 생각토록 요구하는 사건이었다.

장학금 타려고?… 行試 1차시험 보는 의·약대생

조선일보 2015. 7. 7.

서울의 A 사립대는 행정고시(5급 공개채용 시험) 1차에 합격한 재학생에게 한 학기 등록금을 면제해준다. 문·이과에 따라 차이는 있지만 대략 500만원 안팎이 장학금으로 주어지는 셈이다. 이 대학이 지난 6월 행정고시 1차 시험(PSAT)에 합격한 재학생 명단을 공개했다. 합격자 97명 중 16명이 의학부, 34명이 약학부로 합격자의 절반 이상이 의대와 약대 학생이었다.

전국의 주요 사립대학들이 행정·입법고시나 사법시험, 공인회계사, 변리사시험의 1차 시험 합격자에게 장학금 혜택을 주면서 전공을 가리지 않고 고시에 응시하는 학생이 늘고 있다.

특히 시험 과목이나 방식이 과거와 달라진 행정고시에 의·약대생까지 몰려들면서 대학가에선 '행시 장학금 헌터(사냥꾼)' 논란이 일고 있다. … 이런 탓인지 실제 행시 2차 시험 결시율은 20%를 넘나들고 있다. 2014년 행시 1차 시험 전체 합격자 3612명 가운데 2차 시험에 응시한 사람은 3166명이었다. 1차 합격자의 13%가 2차 시험에 응시하지 않은 것이다. 특히 의·약대생 등 이공계 학생들이 주로 응시하는 것으로 알려진 행시 기술직의 경우 1차 시험 합격자 중 2차 시험 결시율은 25%나 됐다.(기사 내용 일부)

(2) 면접시험의 타당성 문제

면접시험은 필기시험의 단점을 보완하려는 목적으로 3차 시험의 일부로 시행된다. 현재 3차 면접 시험은 최종 선발 예정인원의

사회변화에 따른 관료의 충원 및 고용방식 개편 87

130% 정도를 대상으로 하여, 1차 및 2차 시험의 성적과 상관없이 면접만으로 30% 정도를 탈락시키고 있다. 3차 면접의 진행은 개인발표 및 질의응답, 그룹토의로 이루어져 있다.

2015년 진행된 5급 공채의 면접시험을 기준으로 구성요소를 정리하면, 아래와 같다. 심층면접이 2일에 걸쳐 총 2단계로 진행되는데, 첫날은 직무역량 검증 위주의 면접이 실시된다. 개인별로 문제와 지문을 부여받아 30분간 답변을 작성하고, 이 답변을 가지고 3인이 그룹별 면접에 임하여, 개인별로 20분씩 발표 및 토의를 한다. 그룹별 면접은 3인 x 20분 = 60분으로 구성된다. 이어서 자신이 작성한 답변을 기반으로 개인별 직무역량 면접을 실시하는데, 1인당 40분씩 주어져 있다. 구체적인 내용은 [그림 3]과 같다.

[그림 3] 5급 공채시험 면접과정의 구성과 내용

가. 그룹별 개인발표 및 직무역량 면접

주어진 토의과제와 자료에 대해 응시자가 30분간 개인별로 답변을 준비한 후 3인 1조 면접실로 이동한다. 각 응시자는 토의 과제에 대하여 1인당 20분씩 개인별로 발표 및 질의응답을 하게 된다. '토의'과제라는 명칭과 달리 여기서는 토의가 이루어지지 않고, 개인의 발표와 이에 대한 질의 응답이 단순한 형태로 짧게 진행된다.

나. 집단토의 및 공직가치관 개별면접

3인으로 구성된 집단토의 면접이다. 토의 과제에 대해 각 응시생이 40분간의 검토 후 집단 심화토론을 진행한다(70분). 그리고 이어서 응시생 개인별로 3인의 면접위원 앞에서 공직 가치관에 대하여 개인발표 후 면접위원들의 질문에 응답하는 면접이 진행된다(40분).

2015년 5급 공채의 경우, 위와 같은 제도적 틀 속에서 면접이 시행되었다. 응시생들은 2차 합격자 6명을 1개조로 하여, 모두 28개 조로 편성되었다. 이들에 대한 면접은 금, 토 이틀에 걸쳐 진행되었는데, 첫째 날에는 직무역량 위주의 검증이 90분에 걸쳐 진행되고, 둘째 날은 공직가치 및 인성 관련 검증이 150분 동안 진행되었다.

첫날 1단계 직무역량을 검증하기 위해 제시된 대표 지문은 1)

목민심서의 '淸心'이 시사하는 내용, 2) 한강의 기적을 가능케 한 요인, 3) 공무원 윤리헌장에 따른 공직자의 자세, 4) 무궁화, 애국가 등 국가상징의 사용을 활성화하는 방안, 5) 존경받는 공직자가 되기 위한 요건, 6) 자유민주주의 질서에 기여하는 요인과 저해하는 요인 등에 대한 질문이었다. 질문 내용별로 복수의 지문이 서면으로 제공되었고, 응시자들은 대부분 질문 문제당 8~9줄 정도의 답변을 작성하여 제시하고, 이를 바탕으로 발표와 토론을 진행하였다.

실제 면접은 다양하고 명백한 한계를 내포하였다. 내용적으로 다양성과 심층성이 부족하였고, 경직된 상황에서 형식적 답변과 질문이 대부분 오고 갔으며, 결국 면접시험의 타당성과 변별력이 한계로 노출될 수밖에 없었다. 예를 들어, 면접에 제시된 문제와 지문이 정치적 시류에 지나치게 근접하게 출제되거나, 토론이 현실적으로 불가능하여 매우 형식적으로 단순한 질의 응답이 오가고, 면접 절차를 정교화하지 못함으로써 응시자들의 솔직한 답변과 토론이 나타나기 어려웠다.

이를 다시 요약하면, 면접에 내재된 문제점이 3가지로 정리될 수 있다. 첫째, 이 같은 면접 방식으로 '역량'과 공직자로서의 정신자세'를 평가하는 것은 불가능하다는 점이다. 심층면접에 응한 평가위원들은 "지문을 단순 요약만 하여도 충분한 분량과 아이디어가 가능하겠다.", "2차 필기시험의 수준에 미치지 못하는, 2차 시험의 연장"이라고 평가했고, 합격한 응시생들은 "무엇을 이야기해야 하는지, 다소 뻔한 내용의 지문이 주어졌다."고 응답했다. 면접위원들은 "평가항목 중 공무원으로서의 정신자세, 창의성, 발전 가능성은 평가가 불가능하였다."고 반응하고 "면접을 주어진 틀 속에서 끝내기는 했지만, 21세기 대한민국의 고급 공무원을 뽑는 면접으로 믿기지가 않는다."고 평가했다.

둘째, 6명의 지원자들로 이루어진 1개 그룹 내에서 평가위원들은 우수, 보통, 미흡을 부여해야 하고, 반드시 1명의 지원자에게 '미흡'을 부여할 것을 요구 받았다. 이 같은 방식이 타당성을 갖기 위해서는, 6명으로 구성된 각 그룹 구성원들의 역량이 정규분포를 보여야 한다. 다시 말해, 각 그룹에 반드시 미흡에 해당하는 무능력자가 유사하게 존재해야 한다는 말이다. 각 팀을 이루어 면접을 하는 응시자들의 그룹은 역량에 대한 고려가 전혀 없이 구성된 상태였고, 이들을 대상으로 획일적으로 한 명씩 '미흡'을 부여한다는 것은 타당하지 않은 방식이었다. 불합격을 받을 만한 미흡 해당자가 1개조에 전혀 없을 가능성도 크고, 1개 조에 2명 이상이 집중되어 있을 가능성도 큰 상태에서 평가내용과 관계없이 점수부여 방식에 의해 오류가 나타날 수 있는 상황이었다고 볼 수 있다.

이러한 점수 부여방식은 결국 면접의 변별력이 부족한 측면과 밀접하게 연관되어 있다. 평가하고자 하는 직무역량과 공직적격성에 대하여는 변별력 있는 평가가 불가능한 상태에서 30%에 해당하는 응시자가 탈락해야 하는 필요성이 결합된 결과일 뿐이다. 이 부분에 대한 심층면접에서 평가위원들은 "기계적으로 답변을 하는 사람을 감점하기로 면접위원 간에 합의를 했다. 떨어진 사람이 억울할 수도 있다.", "지원자의 답변 내용이 모두 유사하고 평범했다. 그 내용으로는 수준을 가리기 어려웠다." "답변이 형식적이고, 변별하기가 어렵다 보니 무의식중에 외모와 태도가 커다란 영향을 미칠 수 있다."는 반응을 보였다.

이러한 문제점을 고려해 볼 때, '2차 시험에서 획득한 성적을 합산하지 않고, 34%를 불합격시키는 수단으로서 면접방식의 타당성'에 대해 근본적으로 성찰해 볼 필요가 있다. 면접의 중요성을 구현하고자 2차 시험 결과를 반영하지 않고 3차 면접만으로 2차 합격자 가운데 당락을 결정하는 취지를 살리기 위해서는, 3차 면접 시험의 타당성과 변별력을 반드시 제고시켜야 한다. 이것이 전제되지 않는 면접의 절대화는 상식에 반하는 불합리성을 확대시킬 수 있다.

셋째, 솔직한 발언과 심층적 혹은 창의적 문제제기나 토론이 불가능한 문제와 지문이 제시될 수 있고, 면접이 세팅될 가능성이 있다. "결국 제시된 질문이나 지문은 '문제출제'였던 셈인데, 그 고충에 이해가 간다. 사회적으로 논란을 야기하지 않을 문제로 출제하려 했을 것이다. 그런데도 결과적으로는 한강의 기적, 국가 상징의 수용성 등 정권의 코드를 살피는 느낌을 주는 문제로 귀결되기도 했다."[7] 이러한 문제를 접한 수험생들의 답변 내용에는 '새마을운동' '창조경제'를 강조하는 사례가 드물지 않았다. 시험 주관부서의 의도와 상관없이 수험생들이 사회적 분위기에 부합하도록 정권의 성향을 반영하는 반응 혹은 답변을 보인 것으로 평가할 수 있겠다.

면접의 세팅 자체가 수험생들로 하여금 형식적이고 피상적 내용의 토론과 반응을 할 수밖에 없도록 하는 측면도 있다. 합격자 C는 "수험가에 떠도는 합의라는 게 있는데, 위험스러운 토론보다는 안정적 토론을 해야 한다는 게 절대적"이라 응답하였다. 5급 공채의 최종 관문에서 탈락의 위험이 있는 위험부담을 어떤 경우라도 서로 공유해서는 안 된다는 이해관계가 일치하기 때문이고, 여기에 질문과 지문이 부합하기 때문이다. 집단토론에서 상대를 위험으로 몰아넣지도 않고, 나 역시 그런 위험을 감수할 필요가 없는 것이다. 그 결과 적극적인 교차토론을 하기보다는 간단하면서

---

7   면접위원으로 참여한 대학교수 G의 심층면접 답변.

도, 형식적인 의견교환 정도의 질문과 답변에 머문 경우가 대부분이었다[8].

면접의 주제가 딜레마 상황이나 매우 중립적인 문제가 아니라면, 수험생들은 형식적, 피상적 토론과 답변을 할 가능성이 커진다. 실제 면접을 마치고 합격한 응시생은 "수험생들이 긴장하는 것에 비해, 이런 성격의 면접이라면 하루에 끝내는 것이 좋을 것 같다."는 반응을 보였다.

정부의 현직 국장으로 면접시험에 참여한 B 국장은 청렴성을 질문하기 위한 지문으로 자료에 제시된 공무원윤리헌장을 읽어주며 "이 생명은 오직 나라를 위하여 있고, 이 몸은 영원히 겨레 위해 봉사한다. 충성과 성실은 삶의 보람이요, 공명과 정대는 우리의 길이다[9]."라는 부분이 너무 경직된 표현 같지 않느냐는 문제를 일관되게 수험생들에게 제기하며 질문을 던졌다. 그런데 수험생들은 오히려 한결같이 "이것을 읽으며, 공무원의 자부심을 느끼게 되었다.'는 답변을 하였는데, 이렇게 답변을 하는 이상 좋은 점수를 부여하지 않을 도리가 없었지만, 동시에 그 답변의 진정성도 전혀 신뢰할 수 없었다."고 말했다. 그는 "청렴성에 대해 형식적으로 답

---

8   예컨대 그룹 토의에 참여하여 개인 발표자의 발표를 들은 구성원은 "000씨께서는 무궁화 꽃을 가로수로 장려하기 위해 TF를 구성하신다고 하는데, 자치단체를 포함시킬 예정입니까?"라고 질문 한 후, 어떤 답변이 나와도 그 내용과 상관없이 "예, 잘 알겠습니다."라고 마무리하기 일쑤다.

9   공무원윤리헌장 내용 중 일부.

변하는 문제는 20여 년 전 내가 고시 볼 때의 질문과 똑같은 문제다. 이것을 오늘도 반복해야 하는 격인데, 문제가 해결될 기미가 없다."고 평했다.

2) 시험과 관련된 사회적 문제

(1) 객관성과 기회의 형평에 대한 높은 대응력

과거의 고시, 현재의 공채시험 제도는 객관성과 형평성을 요구하는 사회적 기대에 대응하는 수준이 높았다. 5급 공무원으로의 입직을 계층 간의 효율적 이동수단으로 생각하는 사람들에게 지금까지의 시험제도는 매우 효과적이었다. 사회적 권력과 연고를 배제한 채, 암기위주의 지식(knowledge)을 평가하는 방식으로서 외부적 개입을 차단하는 데 중점을 두어왔기 때문이다. 다양한 사회집단으로부터 지식 측정 위주의 시험을 폐지하거나 적합성 높은 평가로의 대체를 요구받아 왔지만, 객관성과 형평성에 대한 국민적 요구가 매우 강력했기 때문에, 좀처럼 대안을 모색하기 어려웠다.

기존의 고시제도나 새로운 5급 공채 제도의 개혁을 요구하는 목소리는 주로 기업가와 일부의 정치사회 계층에 의해 제기되어 왔다. 기업의 입장에서 상대해야 하는 관료가 지식 측정 위주의 시험으로 선발됨으로써, 경제적 흐름과 추이를 적합하게 호흡하지 못한다는 것이 그들의 주장이다. 정치사회 계층의 경우에도, 세계화 된 환경에서의 국가 운영이 지필고사 중심의 지식으로 선발된 엘리트들에 의해 효과적으로 수행되기 어렵다는 지적이 제기되어 왔다. 예컨대, 정보화가 빠른 속도로 진행되고 있다고 하면 '정보체계론' 과목을 추가하고, 부패를 척결해야 하는 필요성이 크다고 하면 '윤리' 과목을 추가하고, 세계화의 파도가 강력하다고 하면 '국제통상' 과목을 추가해온 시험방식으로서는 세계적 경쟁에서 한국이 발전을 구가하기 어렵다는 것이다.

관료 엘리트로 입직하는 후보자를 선발하는 시험으로 지필시험 위주의 고시 혹은 5급 공채 방식을 혁파하자는 주장은 끊임없이 제기되어 왔으나, 이에 대한 대응은 지극히 미미하게 이루어져 왔다.[10] 그 이유는 무엇보다 공직시험의 객관성과 기회의 형평을 주장하는 목소리를 잠재울 만한 대안을 개발하지 못하였기 때문이다. 현재 지필고사 위주로 암기위주의 지식을 측정하는 시험방식을 면접으로 보완하려 하고 있으나, 크게 보면 객관성[11]과 형평

---

10 폐지론은 기업인, 정치인들에 의해 지속적으로 제기되어 왔다. 예컨대 2014년 4월 세월호 침몰로 관피아의 문제가 사회적으로 불거지고 쟁점화 되었을 때, 시험 폐지에 대한 다양한 견해가 제시된 바 있다. 2014년 4월 국회의 최재성 의원은 국회 정론관에서 기자회견을 열고 "관료 카르텔의 입구라고 할 수 있는 행정고시 폐지를 추진하겠다"고 밝힌 바 있다. 한국사회를 장악하는 관료 카르텔을 처음부터 발붙일 수 없는 구조를 만들어야 한다고 주장했다.

11 그러나 본 글이 지적하는 바와 같이 객관성을 내용적으로 분석해보고, 시험 문제와 성적, 그 과정 및 평가자 등의 공개를 전제로 한다면 객관성이 심각하게 의심받을 수 있는 비판이 제기될 수 있다. 이는 주로 내용적 타당성과 변별력의 미흡에서 초래되는 문제이다.

성을 요구하는 사회적 수요에 부합하는 수준을 넘어서지 못한 상태라 할 수 있다. 유능한 인재를 선발하고 문제해결과 리더십 역량을 갖춘 관료 엘리트를 충원해야 한다는 시험의 타당성에 대한 요구는 여전히 간과되고 있는 실정이다(유민봉·박성민, 2013).

현재 5급 공무원의 공개경쟁 채용과정을 인사혁신처가 주관하는 것도 이런 점에서는 커다란 장점을 보유한다. 권력과 재력, 연고에 의한 외부의 영향력을 시험과정에서 철저히 차단하는 데 매우 효과적인 체제로 운영되고 있다. 그 어떤 충원 방식보다도 인사혁신처가 주관하는 현재의 시험방법과 관리방식은 이런 측면에서 장점을 갖는다[12]. 각 부처로의 분산, 자치단체로의 분권, 문제출제 방식의 다양화 등에 대한 대안적 요구들이 바로 이러한 장점을 앞세운 논리 때문에 실현되지 못하고 있는 셈이다.

인사혁신처가 집권적이고 집중적인 시험방법과 관리방식을 유지함으로써 정치적인 압력이나 청탁을 배제하는 장치는 다양하다. 역량을 평가하는 시험방식이 우선 응시자를 철저히 분리 고립한 상태에서 이루어지며, 시험문제를 출제하는 과정 역시 극도의 기밀성을 요구하고, 담당하는 공무원과 관련 위원은 철저한 봉쇄로 분리된다.

---

12 본 연구의 심층면접 대상자들은 "5급 시험에서 외부 청탁을 차단하는 장치 없이 각 부처와 분산화 하고, 자치단체로 분권화 할 경우, 일차적으로 국회의원들의 압력과 청탁이 대단할 것"이라고 지적하였다.

요컨대, 인사혁신처가 외부의 영향을 배제하는 데 커다란 에너지를 쏟음으로써 '탈권력적 공간'을 마련하는 데 기여하고 있다. 이 공간은 주로 익명성의 확보, 평가과정의 고립성 유지와 커뮤니케이션 차단, 시험문제의 철저한 보안 등으로 이루어진다.

(2) 대학교육과 공무원 임용시험 간의 괴리

공무원 시험 준비를 하는 수험생들에게 장기간의 학습을 위한 기회비용(opportunity cost)은 매우 큰데, 거시적 차원에서 보자면 이들을 육성하는 대학교육과의 연계가 매우 약하다. 많은 경우 5급 공채 시험의 준비와 대학교육은 충돌한다. 실제로 5급 시험을 준비한다는 것은 곧 대학에서의 휴학이나 단절을 뜻하고, 일정시간 고립된 공부시간을 확보하는 것을 의미하고 있다. 이것은 대학 내에서 전공하는 분야와 합격을 목표로 준비하는 고시의 직렬이 동일하더라도 유사한 문제를 보여주고 있다. 대학에서 일정 분야에 적합한 내용으로 교육하는 부분과 실제 5급 시험에서 당락을 결정하는 내용이 상당 부분 차이가 있기 때문이다. 우선 교과목에서 5급 공채에 합격하기 위해서는 대학에서의 다양한 과목을 수강하는 것이 부담일 뿐이며, 교육의 내용에 있어서도 고시지향의 내용과 이론 및 실무지향의 교육내용 사이에 간극이 존재한다는 뜻이다.

대학 내에서의 전공분야가 공무원 시험을 준비하는 분야와 다를 경우는 더할 나위도 없다. 이때 대학에서의 전공학업과 공무원 시험 준비를 동시에 병행하기는 불가능하다. 결국 대학교육이 일부 파행으로 흐를 수 있고, 수험생 스스로에게는 전공과의 불일치로 인한 스트레스와 부담 때문에 대학에서의 교육을 철저히 외면할 수밖에 없다. 3~4년에 걸쳐 공무원 시험을 준비하는 동안 이러한 실태는 사회적 생산성의 낭비를 초래하고, 합격 이후에도 공식적 교육의 부실한 수행과 직무내용의 불일치로 인한 효과성의 저하를 경험하지 않을 수 없게 된다(오호영, 2006).

대학교육과 공무원 시험의 불일치에서 오는 문제는 전공수업이나 직무역량의 측면에서 그치지 않는다. 전공과 직무수행 역량 이전에 대학교육 과정을 통해 형성해야 할 인간과 사회에 대한 이해, 인간관계의 원만한 형성, 인격의 도야, 세계화 역량의 흡수 등에까지도 다양한 부정적 영향을 미친다.

(3) 공무원 시험에 대한 청년들의 에너지 소모

일반적 교육과정으로부터 분리된 채 이루어지는 장기간의 수험 준비는 다수의 응시자들에게 과중한 부담으로 작용한다. 여기서는 두 가지 측면에서 청년들의 에너지 소모를 살펴볼 수 있다.

첫째는, 합격한 지원자들이 평균 4년에 걸친 준비기간에도 불구하고 사회가 기대하는 실질적인 역량을 크게 향상시키지 못하는 측면이 있다. 지식에 대한 암기위주의 공부방식이 갖는 근원적 한계라 할 수 있는 것이다. 많은 시간과 에너지를 투입하여 일정한 지식을 제고하고 확장하는 것은 사실이나, 이것이 현실에 대한 이해나 통찰 그리고 문제해결 능력으로 직결되지 않고 있다는 비판이 강력하다는 사실을 상기할 필요가 있다. 암기 위주의 지식 습득은 많은 경우 서류에 대한 이해와 논리적 문서작성, 그리고 행태적으로 조직순응형 인간으로 변모하는 데 매우 강력하게 기여한다. 그러나, 이와 반대로 창의성을 기르고 전문성을 향상시키거나 사회에 대한 통찰을 심화시키기는 어렵다. 또한, 이 시대가 요구하는 리더십의 개발, 문제해결 능력의 계발에는 주목할 만한 성과를 나타내지 못하고 있다. 이런 점에서는 합격한 수험생들에게도 평균 4년에 걸친 준비 기간이 비생산적 에너지 소모를 대거 요구한다고 볼 수 있다.

시험을 위하여 여러 해를 준비하였으나, 최종적으로 합격권에 들지 못하는 대다수의 수험생들에게는 낭비적 요인이 이보다 훨씬 크다. 현재 공무원 시험은 5급은 물론, 7급과 9급 공무원에 걸쳐 엄청난 수요를 불러일으키고 있는데, 실제 대부분의 준비생들이 합격에 도달하지 못한다는 점을 감안하면 이러한 문제점을 방치하기는 어렵다.

2015년의 경우 5급 공무원 공채 경쟁률은 35.8대1을 기록하여,

최근 3년 내 가장 높은 수준을 기록했다. 5급 공무원 공채시험 원서를 접수한 결과 380명 모집에 1만3,591명이 지원해 평균 35.8대 1의 경쟁률을 보인 것이다. 시험 준비자 1명이 합격할 때, 35명이 불합격 하는 수준이다. 공무원 시험을 준비하는 응시자의 수는 지속적으로 증가하는 추세이니, 이러한 측면을 주목해야 한다. 2011년 50.2대 1의 높은 경쟁률을 기록한 뒤 2012년 33.9대 1, 2013년 32.4대 1, 2014년 32.0대로 일정 수준 하락한 후 2015년 다시 반등하였다. 물론 실제 시험준비를 하였지만, 시험에 응시하기 위한 접수는 하지 않은 인구를 더하면 총계는 이보다 훨씬 많을 것으로 추정된다.

　5급 뿐 아니라 7, 9급까지 포함하여 보면, 청년층의 취업 준비 영역 중 공무원 준비가 가장 많은 비중을 차지한다. 2009년의 통계청 자료에 따르면 청년층 취업 준비 영역 중 공무원의 비율이 34.4%로 1위를 차지한 바 있다(김태일, 2011). 2015년 7월 23일 통계청이 발표한 '경제활동인구 청년층 및 고령층 부가조사 결과'에 따르면, 비경제활동인구 중 취업준비 분야 조사에서 일반직 공무원 준비가 차지하는 비율이 34.9%로 가장 높다. 고시 및 전문직 시험 준비생은 9.8%로 전년도 11.6%에 비해 약 2% 포인트 감소하였다.

4. 유능한 민간경력자 진입의 어려움

2011년부터 민간경력자 채용제도가 가미되어, 기존의 고시 순혈주의를 파괴하고 다양한 인재의 채용을 시도하고 있다. 이는 긍정적인 기여를 할 것으로 평가된다. 2014년도에는 5급 국가공무원 민간경력자 일괄채용시험에서 120명[13]의 민간 경력자가 최종 선발되어 임용된 바 있다. 이들은 고위 공무원의 전문성과 개방성 향상에 기여할 것이다. 이 제도는 민간 경력자를 직접 5급으로 채용하는 것이기 때문에, 100% 새로운 인력이 민간 부문으로부터 공직으로 유입되는 경우에 해당한다.

민간경력자 일괄채용 제도와 더불어 2000년 시작된 개방형 직위제도 역시 민간경력자의 유입을 도모하는 제도이다[14]. 그런데, 이 제도는 매우 저조한 효과를 보이는 것으로 나타나 다양한 비판에 직면하여 왔다. 2015년 6월말 현재 정부가 개방형 직위로 지정한 직위는 428개에 달하는데, 이들 중 민간경력자가 채용된 직위는 79개에 불과하다. 그 임용률이 전체의 18.5%에 불과한 셈이다. 이에 비해, 428개 개방형 직위에 대한 채용에서 정부 부처

13   2014년도 민간 경력자 5급 채용의 경우, 당초 100명 선발 예정이었고, 총 3,392명이 원서를 제출해 평균 경쟁률이 26대 1을 기록했다. 최종 선발은 당초 예정인원보다 20명을 더 뽑는 수준이었다.
14   우리나라의 개방형직위제도는 1999.5.24. 「국가공무원법」을 개정하면서 전문성이 특히 요구되거나 효율적인 정책수립을 위하여 도입되었다.

의 내부 직원(196개)이나 다른 부처 공무원(31개)이 채용된 경우는 모두 227개로, 임용률이 53.0%에 이른다. 개방형 직위로 지정은 되었지만, 공모 절차조차 진행되지 않아 직위가 비어 있는 경우도 122개 존재한다. 그래서 개방형 직위제도는 15년여 흐른 지금까지도 '무늬만 개방형'이라는 비판의 표적이 되고 있다.

이러한 문제점을 해결하기 위해, 인사혁신처는 고위공무원단 50개와 과장급 94개 등 국·과장급 144개 직위에 민간경력자만 지원할 수 있는 경력개방형 직위로 지정하여 운영할 계획을 발표하였다. 이렇게 함으로써 전체 40개 부처의 439개 개방형 직위 가운데 144개 직위가 민간경력자에게만 개방될 전망이다.

여기서 개방형 직위가 도입된 이후 15년이 흐른 시점에도 인사의 개방성은 매우 요원하고 지난한 일이라는 사실을 관찰해 볼 수 있다. 이러한 현상이 초래된 원인과 문제점은 명백하다.

우선, 공직 내부의 폐쇄적 평가와 이너 서클의 작동이 채용과정에서 나타나기 있기 때문이다. 채용에 관한 정보, 평가의 기준, 그리고 공직 경험자에 대한 선호가 공무원에게 유리하게 작동하고 있는 것이다. 또한, 외부 민간인의 입장에서 보면, 상대적으로 보수 수준이 높지 못하고, 대개 3년의 임기를 부여받고 새롭게 경력을 시작해야 하며, 네트워크가 취약한 공직에 지원할 동기가 강력하지 않다고 볼 수 있다. 그 결과, 민간인 출신은 아직 공직에서 여전히 '워낙 소수이다 보니 공무원 조직에서 기를 제대로 못 펴고 존재감도 별로 없는 편'이다[15].

이에 대한 대책으로 인사혁신처는 민간인의 공직 유입을 활성화하기 위해 노력을 기울이고 있다. 민간인 전용 개방형직위 지정과 함께, 임용기간을 연장하여 신분 안정성을 도모하고자 하고 있다.

이러한 현상을 보면, 인사혁신처가 5급 공채제도를 개혁하는 주된 대안으로 도입한 민간경력자 5급 일괄채용 제도 역시 장애요소를 제거해야 성과를 시현할 수 있을 것으로 예상된다. 표면적으로 개방형 직위를 지망하여 지원하는 응시자들의 경쟁률 자체는 높겠지만, 상대적으로 양호하지 않은 보수와 근무여건을 감수하고 각 분야의 유능한 인재가 공직으로 전환할지는 조심스럽게 관찰할 필요가 있다. 경제가 불황국면을 보일수록 경쟁률 자체는 높게 나타나겠지만, 실제 민간의 우수한 인력들이 10년의 경력을 쌓은 후 공직으로 전환할 것인가에 대해서는 추이를 지켜볼 필요가 있으며, 외면적 경쟁률이 허상에 지나지 않도록 주의를 기울여야 한다.

---

15 2015년 1월 이근면 인사혁신처장 이데일리 인터뷰 내용.

〈표 3〉 개방형 직위의 임용 통계와 민간인의 진입 비율

	임용자	내부 직원	타 부처 공무원	민간
2000년 7월 ~ 2003년 2월 24일	182	153(84.1%)	7(3.8%)	22(12.1%)
2003년 2월 25일 ~ 2005년 12월 31일	184	104(56.5%)	11(6.0%)	69(37.5%)
2009년 12월 31일 기준	136	79(58.1%)	23(16.9%)	34(25.0%)
2013년 12월 31일 기준	136	78(57.4%)	25(18.4%)	33(24.2%)

출처: 기획재정부, 행정자치부, 한국행정연구원: http://m.segye.com/view/20140325005343
(2014.03.26.)

정부, 고위공무원 10명 중 1명 민간인으로 채용

동아일보 2015. 3. 6.

정부가 고위공무원(3급 이상) 10명 중 1명을 공직경험이 전혀 없는 '순수 민간인'으로 채우기로 했다. 인사혁신처는 최근 각 부처에 개방형 직위 조정계획을 마련토록 통보하면서 이와 같은 가이드라인을 달았다고 6일 밝혔다. 이에 따르면 부처의 고위공무원의 20%, 과장급(4급)의 10%를 개방형 직위로 임용하되 이 가운데 절반은 반드시 공무원이나 공무원 출신이 아닌 순수 민간인으로 채용토록 했다. 이렇게 되면 고위공무원은 10명 중 1명, 과장급은 20명 중 1명이 민간의 몫으로 돌아간다. 현재도 부처별로 고위공무원의 10~20%, 과장급의 5~15%를 개방형 직위로 선발하고 있으나 상당수가 공무원이나 공무원 출신으로 채워져 제도의 도입 취지가 무색해졌다는 지적이 있었다. 부처별 개방형 직위의 규모와 보직은 이달 말 나올 예정이다.

III. 공무원 충원과 고용방식의 개편: 3가지의 대안

1. 5급 공채제도의 개선

1) 단기적, 부분적 개선

5급 공개채용 시험의 타당성을 제고하고, 역량 있는 인재를 채용하는 것이 단기적이고 부분적인 개선방안이다. 여기서는 단기적 개선과제를 2015년 진행된 바 있는 현재 상태의 시험을 토대로 제시해 보기로 하겠다.

2015년 5급 공채시험에서 행정직군의 경우 264명 모집 예정에 1만797명이 지원하여 40.9:1의 경쟁률을 기록하였다. 3차 면접시험에서는 행정직렬 전국 142명, 행정직렬 지역 35명, 행정직렬 내 법무행정직(전국) 7명, 재경직 전국 72명, 국제통상직 5명, 교육행정직 8명, 사회복지 직렬 3명(지역 1명 포함), 교정 직렬 2명, 보호직렬 2명, 검찰 직렬 2명, 출입국관리 직렬 2명 등이다.[16]

현재까지 기존의 필기시험 방식으로 지식 측정을 위주로 하는

---

16 http://www.gosi.go.kr

공채시험 제도를 보완하기 위한 개선의 노력으로 투입해온 요소가 면접제도인데, 단기간에 부분적으로 가장 용이하게 개선할 수 있는 부분이 바로 이 면접시험을 개선하는 것이다. 비용과 시간의 차원에서 보자면, 가장 시급하게 개선할 수 있는 부분이 곧 3차 면접시험이라는 뜻이다. 객관성과 기회의 형평을 요구하는 사회적 환경을 외면하지 못하는 상황에서 이의 한계를 보완하고자 강화된 것이 면접시험이기 때문이다.

현재의 면접이 내포하는 문제점을 짚어보고 그 연장선상에서 개선방안을 강구해보기로 하자. 2015년 5급 공채시험에서 최종 264명을 선발할 예정으로 2차 시험에서 355명을 선발하여, 10월 30~31 양일간에 걸쳐 면접시험을 실시하였다. 최종 선발인원의 134%를 2차 필기 논술시험에서 선발한 셈이었다[17]. 이 중 34%는 3차 면접시험을 통해서 불합격 처리될 예정이었다.

면접시험에 면접위원으로 참가한 7인의 전문가와 6인의 시험 합격자들에게 익명을 보장하며, 인터뷰를 실시하였다. 정부의 전·현직 국장 4인, 현직 교수 3인이었으며, 합격자들은 별도로 6명이었다.

먼저, 면접위원들의 면접시험에 대한 응답을 간략히 표로 정리

---

17 3차 시험의 합격자가 발표되었고, 이들을 대상으로 최종 후보자등록이 11월 23일까지 마감 되었다.

하여 보자.

〈표 4〉 5급 공채 면접위원에 대한 심층면접 결과

	면접위원						
	A	B	C	D	E	F	G
질문) 금번 면접에서 주어진 지문과 질문으로 요구되는 항목의 평가를 할 수 있었습니까?	×	×	×	×	×	×	×
질문) 면접시험을 개선한다면, 지원자의 가치관과 '역량'을 평가할 수 있다고 생각하십니까?	○	○	×	○	△	△	○
질문) 개선방안은 무엇입니까?	부분적 수정	부분적 보완	-	근본적 보완	-	근본적 수정	부분적 보완

○ : 동의, △ : 중립, × : 동의하지 않음

(1) 공무원으로서의 정신자세 평가: 공익적 자원봉사 실적 활동

현재의 5급 공무원 공채시험 면접은 공무원으로서의 정신자세를 평가하는 데 큰 관심을 기울이고 있다. 공무원으로서의 정신자세를 국가관, 공직관, 윤리관으로 나누어 평가하도록 현재의 면접은 평가요소를 규정하고 있다. 그러나 앞에서 지적한 바와 같이 면접이 형식화된 상태에서 합격을 희망하는 지원자들로 하여금 규범적 당위를 말하도록 하는 면접으로는 국가관, 공직관, 윤리관을 측정

하기 어렵다. 평가자의 의도를 조금도 인식하지 못하거나, 2차 시험까지 합격한 지원자로서 공직에 대한 자신의 꿈을 한 마디의 면접으로 무산시키는 정신이상자를 걸러내는 것 이상의 기능을 현재의 면접체계가 수행할 가능성은 없다. 적어도 공무원으로서의 정신자세를 평가하는 항목에 있어서는 그렇다는 말이다.

〈표 5〉 5급 공채의 직무역량 평가 항목

평정요소	세부 측정 역량
가. 공무원으로서의 정신자세	○ 국가관 ○ 공직관 ○ 윤리관
나. 전문지식과 응용능력	○ 분석력 ○ 협상력 ○ 계획관리능력
다. 의사표현의 정확성과 논리성	○ 의사소통 능력 ○ 상황인식, 판단력
라. 예의, 품행 및 성실성	○ 조정능력 ○ 팀워크 지향
마. 창의력, 의지력 및 발전 가능성	○ 기획력 ○ 전략적 사고력 ○ 갈등관리 능력

만일, 5급 공무원 공채시험 3차 면접과정에서 공무원으로서의 정신자세를 평가하고자 한다면, 미래에 대한 규범적 당위를 표피적으로 얘기하게 하는 것보다 과거의 활동을 현재의 언어로 얘기하게 하는 방법이 효과적이다. 면접시험에 응하여 공무원으로서

의 정신자세를 평가받는 수험생들은 이미 2차 필기 시험까지 통과한 사람들이며, 그만큼 5급으로의 입직을 강력히 희망하고 있고, 그 단계의 직전까지 와 있는 지원자들이다. 이들은 피평가자의 입장에서 현재 자신에게 어떤 답변이 기대되고 있는지를 기본적으로 너무도 잘 알고 있는 상태에 있음을 기억해야 한다. 이들에게 공무원으로서의 자세에 대한 규범적 가치판단을 질문하는 건 실제 각자의 사고와 관계없는 형식적 답변을 불러올 가능성이 크며, 미래에 대한 피면접자로서의 다짐어린 답변 역시 전혀 확실성을 담보할 수 없는 일회적인 것이다.

이보다는 공무원으로서의 정신자세를 조금이라도 정확히 평가하기 위해 과거 5년 동안의 공익적 활동, 국가와 사회를 위한 봉사, 이웃에 대한 자원봉사 등의 활동 자료를 제출토록 하여 이를 확인하고, 이에 대한 토의를 하는 것이 훨씬 높은 타당성을 갖는다. 더구나, 국가와 사회 그리고 공동체에 대한 가치관을 묻는 면접을 하면서, 그에 대한 기록 없이 단순한 생각만을 질문하고 언어적 표현으로 답변하는 것은 난센스에 해당한다. 시험 응시 시점까지의 국가와 사회를 위한 봉사, 공동체를 위한 활동, 이웃을 위한 헌신의 기록 등을 제출토록 하여, 이를 중심으로 평가하고 토의하는 것이 바람직하다.

5급 공채 면접을 받는 수험생이 막연히 미래에 대한 사고를 개진하는 것은 자신이 어떤 사람인가를 설명하는 것과 전혀 무관할 수 있고 그것이 의도적 왜곡과 거짓일 가능성마저 농후하기 때문이다. 미래에 대한 막연한 생각과 각오를 이야기하게 하는 것보다 현재까지의 활동과 삶 그리고 가치관을 이야기하게 하는 것이 훨씬 신뢰할 만한 면접시험이다. 면접 시점까지의 자원봉사, 공동체를 위한 활동, 이웃을 위한 헌신의 경험을 서술하고, 그것을 입증할 증명, 검증할 관련 인사의 연락처를 제출토록 하면 된다. 여기서 허위 서류를 제출하는 경우는 당연히 불합격 처분을 내리고, 부정확하거나 논란이 있는 당사자는 좋은 점수를 부여받지 못하게 한다[18]. 서류 및 면접확인 평가[19]에서 봉사의 지속성과 진정성을 평가하여, 점수를 부여할 수 있다.

여기서 제기될 수 있는 문제는 소위 공직 지망생들에게 봉사가 '스펙화' 하는 것이다. 그러나 인위적이고 목적적으로 봉사를 하더라도, 봉사와 헌신의 경험을 하는 자체는 의미를 부여할 수 있다. 봉사의 경험 자체가 없는 경우, 그리고 그것을 평가조차 하지 않는 경우보다는 인위적, 목적적 봉사활동이라 할지라도 그러한 경험이 긍정적이라 할 수 있다.

---

18 자신의 봉사활동을 정당하고 바르게 증명하는가에 대한 평가가 불확실하고 변별력이 낮은 면접 질문으로 정신자세를 평가하는 것보다 확실성을 우리에게 제공해 준다.

19 2015년의 경우 면접에 투입된 면접위원 규모는 378명이었다. 이 평가단의 규모를 활용하더라도 충분히 서류평가를 진행할 수 있을 것이다.

(2) 면접 문제: '상황'의 부여와 문제해결 및 창의적 기획력 평가

'역량(competency)'을 측정하기 위한 평가방식으로서 면접은 명백한 한계를 지닌다. 그럼에도 불구하고 현재의 5급 공개경쟁시험과 민간경력자 일괄채용 제도처럼 면접으로 직무역량을 측정하고자 한다면, 면접의 문제를 단순한 토의 방식이 아니라 상황을 부여하는 방식으로 개편해야 한다. 상황은 딜레마 상황, 위기 해결을 요구하는 정책, 갈등을 해결해야 하는 상황, 정부의 신속한 대처를 필요로 하는 긴급한 상황 등이 다양하게 존재한다. 이러한 상황을 부여하고 그에 대한 대응을 하게 하는 방식으로 면접을 구성하는 것이 타당하다.

그렇지 않고, 현재처럼 다양한 지문을 제공하고 이미 2차 서술식 시험에서 평가했던 바와 유사한 방식으로 문제를 제시하는 방법으로써는 '역량'을 측정하기 어렵다. 이러한 면접은 2차 필기시험과 다를 것이 없는, 오히려 더 쉬운, 글자로 표현할 내용을 말로써 표현하는 언어적 테스트일 뿐이다.

역량은 그 구성요소에 따라 그것을 효과적으로 평가할 수 있는 방법이 상이하다. 예컨대 태도와 가치관을 교육 및 평가하기 위해서는 역할극(role playing)이 효과적이고, 문제해결 능력을 평가하기 위해서는 서류함 기법(In-basket)이 효과적이다. 서류함 기법은 실제 직무환경과 유사한 상황을 부여하고 이에 대처하도록 하는 방

법으로, 요구하는 대안을 개발하여 프리젠테이션 하도록 하는 방식이다.

5급 공채 시험에서 직무역량을 평가하고자 한다면, 단순 토론식의 면접보다 서류함 기법을 활용하는 면접을 도입해야 한다. 이미 정부의 많은 교육훈련 과정에서는 서류함 기법이 도입되어 활용되고 있다. 고위공무원단의 역량평가, 서울시의 사무관 승진, 대기업 승진 등에서 널리 활용되고 있다. 뿐만 아니라, 서류함 기법을 활용하면 면접문제가 정권의 성향이나 시류에 영향을 받지 않고, 문제해결 능력을 발휘하고 측정할 수 있게 되어 창의력과 기획력, 문제의 해석 능력 등을 자유롭게 관찰할 수 있게 된다. 현재와 같은 형식적, 표피적, 위험회피(risk avoidance) 위주의 토론과 답변을 극복하기 위한 대안으로서 효과적이다. 현재 5급 공채의 면접 평가 항목에 제시되어 있지만, 면접위원들이 평가하기 불가능하다고 반응하는 창의력, 발전가능성, 전문지식과 응용능력을 평가하는 데에도 기여할 수 있다.

2) 장기적 혁신방안

(1) 선발의 다양화

현행 공채 제도가 갖는 문제점 가운데 해결해야 하는 근본 문제는 (1)시험의 직무 타당성 부족, (2)시험 준비기간의 소모적 낭비와 조직순응형 인간으로의 퇴화 문제로 요약될 수 있다.

직무 타당성 부족이란 세계화, 민주화된 시대에 관료 엘리트로서 전문성과 역량을 배양하는 데 5급 공체제도가 기여하는 수준이 낮다는 뜻이다. 본래, 기본적인 잠재력과 지능, 성실성, 체력이 우수한 인재를 폐쇄적 시험방식으로 제한시킴으로써 역량계발에 매진할 기회를 박탈하고, 결국 개인적 차원과 사회적 차원에서 비용을 지불하게 되는 현실을 지적하는 것이다.

이를 해결하는 근본적 방안은 '기업식 선발방식'과 '공공적 공정성'을 결합시키는 것이다. 현재와 같은 공채, 아직도 '고시'라 불리는 방식은 대폭 축소하여 '기회의 균등'을 위한 진입 통로로 활용하고, 기업처럼 다양한 역량을 보유한 인재를 별도의 사전 준비를 여러 해 동안 하지 않아도 되는 방식으로 채용하는 것이 필요하다. 이것은 곧 서류, 면접, 인턴 등의 과정을 통해 역량평가를 보다 현실에 맞도록 수행하는 타당성 높은 대안이다.

이 경우, 공직 채용의 불공정성과 비투명성에 대한 사회적 불안을 해소하는 것이 가장 큰 과제로 제기된다. 이에 대해서는 채용과정에 대한 인사담당 부서의 지속적인 공정성 담보 장치가 핵심적 대안이 될 수밖에 없고, 이는 한국의 정부부처가 보유한 역량을 볼 때 충분히 대응 가능할 것으로 보인다. 현재 인사혁신처가 채용과정에서 '탈정치화된 공간'을 확보하는 능력을 볼 때 충분히 대응 가능한 방안이다.

동시에, 채용과정의 타당성을 제고하고자 직무관련성이 적은 절차를 간소화 할 경우, 높게 치솟을 경쟁률을 관리하는 것 또한 채용기관의 과제가 된다. 그러나 현재와 같은 직무적성 시험만으로도 10배수 이내로 압축할 수 있고, 희망 부처와 관련된 소수 과목의 논술시험 부과로 2배수 정도의 면접 대상자를 압축할 수도 있을 것이다.

결국, 한국의 인사담당 부처가 5급 공무원 채용과 관련하여 중장기적으로 택할 수 있는 선발의 다양화란 가) 기존 5급 공채제도의 개선 형태 유지, 나) 대학에서의 전공과 역량, 적성을 그대로 반영할 수 있는 인재 선발트랙의 확보, 다) 민간경력자 일괄 채용의 현실적 관리를 의미하게 된다.

(2) 부처로의 분권화

채용과정에 각 부처가 내용적으로 관여해야 할 필요성은 다양하다. 부처가 직접 채용과정에 관여함으로써 다양한 부처의 다양한 직무에 대한 다양한 능력을 관찰하고 평가할 수 있게 된다. 각부처는 필요로 하는 인재를 선발할 수 있는 가능성이 커지고, 각부처가 효율성을 보유할 수 있게 된다. 지금처럼 부처가 단순히 인력의 수요조사 정도를 하는 대상이 되고, 시험의 과목 결정과 관리 전체를 외부 기관이 주도하게 되면 정작 부처가 필요한 인재를 선발할 가능성은 작아진다.

예컨대 5급 공무원의 채용과 배치를 경험한 현장의 고위 공무원들은 각 조직과 직무에 근접한 인력의 배치를 희망하고 있다. 문화재청의 간부는 "문화재에 필요한 업무를 전혀 모르는 사람이 배치되어, 업무 파악에 많은 시간을 소모하게 된다."[20]고 하고, 국세청의 간부 역시 "세법이나 회계를 모르는 상태에서 우선 채용되고 배치되어, 몇 년을 걸려야 업무를 파악할 수 있게 된다."고 지적한다[21]. 또 다른 부처의 국장은 "5급 공채시험의 관리가 특정 부처의 전유물이 되어서는 곤란하다. 채용과정에서 소외된 현업 부처의 입장에서 보면, 특정 부처에 의한 채용업무의 독점이 권력관계의 산물로밖에는 보이지 않는다."[22]고 반응한다. 국무총리실의 국장은 "외교통상부의 특채 파동처럼, 채용업무를 분권화했을 때 문제가 발생한다고 해서 그대로 모든 권한을 인사혁신처가 회수해 가서는 안 된다. 일부의 문제발생을 감수하고라도 부처로의 분권화는 불가

---

20 2015년 12월 문화재청 J 국장 면담 결과.

21 2015년 12월 국세청 H 전 국장 면담 결과. 국세청의 7~9급으로 입직하는 공무원들도 최근 17% 정도만이 세법과 회계 과목을 응시과목으로 택하고 있다. 일반적인 사회과학과 영어, 상식 등의 시험을 폭넓게 응시하고 있는 셈이다.

22 2015년 12월 K부처의 Y 국장 면담 결과. 피면접자가 익명을 요구하여, 익명으로 처리함.

피한 대안이다."[23]라고 주장한다. 이들의 목소리를 들어보아도 채용업무가 각 부처로 적절하게 분산 및 분권화될 필요가 있다.

소극적 분권화는 각 부처가 필요한 과목과 면접내용 등을 결정할 수 있도록 하고, 시험의 관리는 인사혁신처가 하는 방안이다. 현업과 실무 부처로서 전문성이 요구되는 경우에는 업무에 보다 직결된 과목을 부과하고 면접의 내용과 문항의 결정에도 주도적으로 참여할 수 있도록 하는 게 바람직하다.

보다 적극적으로 분권화하고자 한다면, 채용에 관한 권한 자체를 각 부처로 이관하고, 인사혁신처 같은 중앙 인사기관은 각 부처가 위임 및 요구하는 사항을 관리하는 방안을 택할 수 있다. 물론, 이 경우에도 인사담당부처는 객관성과 공정성이 담보될 수 있도록 관련 법령과 규칙으로 철저한 감독과 모니터링을 해야 한다.

채용업무를 부처로 적극적으로 분권화할 경우에 발생할 수 있는 일차적 문제는 객관성과 공정성의 훼손 가능성이다. 이미 외교통상부의 특채 비리 문제가 불거진 바 있고, 그 결과 특채는 대거 축소되었다.[24]

그러나 채용상의 부작용이나 문제가 발생하는 경우에도 이를 계

---

23 2015년 12월 총리실의 M 전 국장 면담 결과.

24 특채는 곧 불공정으로 직결될 수 있다는 불신이 다양하게 제기되었다. 특히 계층이동의 사다리를 걷어차는 것이라는 인식 혹은 신분상승의 공정한 기회를 박탈한다는 정서가 팽배하여 '현대판 음서제'라는 비판을 특채제도에 부가시켰다.

기로 인사행정 주무부처가 채용권을 즉시 회수한다고 해서 문제가 해결되는 것은 아니다. 채용과정에서 절차적 투명성을 유지하며 외부의 압력을 배제하는 것이 유일한 상대적 장점일 뿐, 채용과정에서 각 부처가 필요로 하는 다양성과 현장성을 지원하지 않는 데서 파생되는 문제점은 고스란히 남는다.

정부 부처의 전·현직 국장들은 "설령, 각 부처의 채용과정에서 문제가 발생한다 하더라도, 그 즉시 채용과정의 관리권한을 인사 주무부처가 회수해서는 안 된다."고 답한다. 심층면접 대상자들은 "인사 주무부처는 각 부처로의 분권화를 전제로 투명성과 객관성을 보장하기 위한 방안을 강구해야지, 문제발생 즉시 채용과정의 관리권 자체를 회수하는 것은 조직 간 이해관계의 산물일 뿐이지 합리적인 행동은 아니다"라고 지적한다.

2. 민간인 신분의 공근무자(公勤務者) 채용

충원은 고용방식과 밀접하게 연관되어 있다[25]. 업무의 성격에 따

---

25 예컨대, 정무(政務)와 관련된 업무를 수행하는 공무원은 공개경쟁 방식이 아닌 임명권자의 자의적 추천에 의해 채용되어 별도로 규정된 보수와 채용기간을 조건으로 근무한다. IT 분야의 전문적 업무를 위해 실기 평가를 채용시험으로 가름하고, 높은 수준의 보수를 지급하며, 3년 이내의 계약직으로 채용할 수도 있다.

라 충원과 고용방식이 적절하게 연동될 가능성이 있는데, 정부가 추구하는 목표와 필요성에 따라 그 수준이 크게 변화될 수 있다.

전통적으로 한국은 공직의 가치와 의미를 높게 평가하는 한편, 민간부문의 근로자보다 높은 수준의 충성과 헌신을 요구해 왔다. 공무원의 신분을 철저하게 보장해주는 반면, 보수는 현저하게 낮은 수준을 견지해 오기도 했다. 고용의 안정성은 공직체계에서 중시한 반면, 노동의 유연성은 극도로 낮은 수준을 택하여 오기도 했다.

그 결과, 공직을 평생의 직장으로 생각하는 생애직(生涯職) 개념이 강력하게 자리 잡고, 이의 부작용이 공무원 개인 차원과 사회 전체라는 양 측면에서 노출되어 왔다. 공무원 개인에게는 우선 선택의 여지가 없는 게 특징이다. 민간인과 같은 노동권과 인권을 유연하게 행사하기 어렵다. 시장의 가격과 유사하게 보수를 주장하고 휴가를 즐기고 싶어도 그것은 생각하기 어려운 희망사항일 뿐이다. 하지만 사회 전체 측면에서 보자면, 국민들이 원하지 않는 '무능한 철밥통'을 정년퇴임까지 방치해야 하는 경우가 빈발한다.

결국, 우리가 이상으로 하는 정부개혁의 한 방향은 '공무원의 충성과 신뢰'과 '민간부문의 유연성'을 적절히 결합시키는 일이다. 공무원을 생애직으로 하여 직업의 안정성과 계속성을 보장해주어 정치적 중립성과 국가에 대한 충성을 확보하되, 인력활용에 있어서는 민간부문의 유연성과 창의성을 가미할 수 없을까? 이러한 문제의식과 필요성이 정부개혁의 줄기찬 과제인 동시에 '시지프스의 신화'처럼 어려운 숙제로 간주되고 있다. 그 목표를 위해 제시되었던 수많은 대안들이 자칫 '공무원의 무능과 민간인의 무책임'을 결합시킬 가능성이 있다는 비판에 직면하여 폐기되곤 했다.

현재와 같이 모든 공무원을 공무원 신분으로 고착시킨 상태를 전제로 두 가지를 적절히 결합시키는 목표와 가치를 구현하는 것은 불가능해 보인다. 독일식으로 정부업무를 공무원과 민간인 신분의 공근무자가 함께 수행토록 하는 방식을 구상하는 게 훨씬 현실적인 방안이다. 정부에서 일하는 모든 인력이 전부 공무원일 필요는 없다는 명제에 동의하면, 가능성은 쉽게 열린다. 정부업무와 관련된 기밀 누설을 방지하고 공공성을 확보할 수 있는 법적 장치만 확립되어 있다면, 정부에서 일하는 인력의 일부를 민간 부문과 유사한 조건에서 일하도록 하는 것이 용이해진다. 인사관리와 보수의 유연성 확보, 민간과의 교류 활성화에서 근본적인 어려움을 겪고 있는 한국의 경우, 독일의 경우를 참조하여 대안을 구상해볼 만하다.

독일의 공직자(Öffentlicher Dienst)는 공무원(Beamte), 법관(Richter), 군인(Soldaten), 공근무자(Angestellte)로 이루어져 있다[26]. 이 가운데

---

26 이들을 통칭하는 용어로 공복(public servant)이라는 의미의 Verwaltungsmitarbeiter 개념이 종종 사용된다.

공근무자(公勤務者)를 주목할 필요가 있다.

공근무자는 사무원과 노무자로 구분되는데, 이들의 고용형식은 민간부문에서 통용되는 노동계약을 통해 특정한 직위에 임용된다[27]. 특정한 직급이 아니라 직위라는 사실을 주목할 필요가 있다. 독일의 전통적 계급제는 공무원을 특정 직무나 직위보다는 계급에 편입하여 넓은 보직이동 범위를 보유하여 왔다. 이에 비해 공근무자는 특정 직위를 대상으로 임용되는, 직위분류제적 특징을 보유한다. 또 독일에서 공무원은 매우 엄격하게 국가에 대한 충성과 책임성을 요구받는데 반해[28], 시장적 경쟁이나 평가로부터 보호를 받고 있다[29]. 신자유주의가 세계 각국을 휩쓸던 시대에도 독일의 공무원은 성과 평가와 경쟁의 방식으로부터 자유롭게 보호받아 왔다.

계급제와 직위분류제의 결합, 공무원의 충성과 민간인의 유연성, 공직의 책임성과 사기업의 창의성을 결합시키는 방식. 이것이 독일의 접근 방식이다. 공직사회에 민간부문의 유연성과 창의성을

---

27 공무원은 특정 계급 혹은 직급에 종신고용의 형식으로 임용되는데 반해, 공근무자는 특정한 직위에 종신의 보장 없이 임용된다. 공무원의 노동조건은 법률로써 지정되는 반해, 공근무자의 그것은 노동계약을 통해 인정된다. 예를 들어, 독일 공무원에게 부여되는 일차적 의무는 '국가와 국민에 대한 봉사 및 성실'이다. 이에 비해 공근무자의 일차적 의무는 민간 부문 근로자의 의무와 동일한 '성실 근로의 의무'이다(양현모, 2006: 193).

28 예컨대, 독일의 공무원법은 공무원의 보수를 직무수행의 대가로 규정하지 않고, 국가에 대한 충성의 대가로 규정하고 있다.

29 독일의 공무원은 국가에 대한 충성, 책임감, 엄정성의 상징으로 인식되어 있다. 이에 반해 신자유주의적 경쟁, 성과관리, 해고 등의 개념으로부터는 매우 자유로운 편이다.

주입시키는 제도적 장치로서 독일이 고안하고 활용해온 요소인 공근무자의 채용 및 고용형태를 주목할 필요가 있다.

공근무자는 공직자이기는 하지만, 공무원은 아니다. 신분상 국가공무원법의 적용을 받지 않는다. 본질적으로 민간부문의 근로자와 다를 바 없으며, 평생 고용하는 종신고용을 인정하지 않고, 근로에 대한 직접적 대가로 보수를 지급하며, 파업 권한을 인정받는다[30]. 노동 조건과 보수는 계약을 통하여 정해진다. 이들은 공무원과 상이한 보수체계의 적용을 받는다(양현모, 2006: 191)[31].

독일에서 국가 권력과 공적인 권위를 최종적으로 행사하는 사람은 공무원이며, 이들은 대체로 전체 공직자의 40% 정도를 차지하여 왔다(Löffler, 2015). 독일은 연방, 주, 지방자치단체 및 기타 공법상의 기관에 근무하는 모든 인력을 공직자라 칭하는데, 공무원은 그들 중의 일부일 뿐이다. 과거에는 국가의 중추기능, 예컨대 안보 재정 경찰 조세행정 분야에는 공무원이 배치되어 일하고, 공근무자는 공공 경제영역과 사업적이며 서비스 성격이 강한 분야, 사회복지, 기술연구에 주로 배치되어 왔다. 그러나 최근에는 그 차이

---

30 공무원은 노조에 가입할 권한은 인정받아 45개에 달하는 공무원 노조에 민간부문의 2배에 달하는 공무원노조 가입률을 기록하고 있지만, 파업을 할 권한은 없다.

31 공근무자의 유연한 활용을 위해 계약의 형식을 존중하지만, 궁극적으로는 연방정부가 모든 공복의 법적 지위를 결정할 권한을 보유하고 있다. (연방헌법 제1장 75조). 뿐만 아니라 궁극적으로 모든 공복의 보수, 연금도 연방정부가 결정할 권한을 보유하고 있다(연방헌법 제1장 74조).

가 의미를 잃어가고, 공근무자도 중추기능에 배치되어 현재는 안보 외교 재정 세무 분야에 다수 배치되어 공무원과 함께 일하고 있다.

상대적으로 독일 공무원은 강력한 공공성의 보루로 인식되어 왔고[32], 그러한 규범에 따라 행동하는 편이다. 헌법에 대한 충성이 강력한 요구사항으로 자리 잡고 있으며, 공무원은 그들이 수행하는 직무에 대해 보상을 받는 것이 아니라 국가에 대한 의무의 준행에 대하여 보상을 받고 있다. 공무원의 신분과 지위에 대한 보장도 철저한 편이며, 퇴직 시점의 연금도 평균 마지막 보수의 75% 정도 지급되고 있다. 이러한 특징은 신자유주의 물결 속에서 관리주의 혁신이 풍미하던 시대에도 흔들리지 않았다(Löffler, 2015). 독일의 공무원에 대한 전통적 규범의 영향이기도 했고, 부분적으로는 신자유주의 시기의 독일은 통일에 따른 공무원 개편과 뒤이은 세계 금융위기에 대한 대처에 치중했기 때문이다.

한국의 경우, 공무원은 독일과 같은 계급제의 전통 속에서 경직된 채용 시스템, 보상제도, 단체활동, 승진 제도의 적용을 받고 있다. 이를 타파하고자 다양한 요소들이 가미되어 왔지만, 그 효

---

32 독일에서 공무원의 공정성, 정치적 중립성, 종신고용, 생활급 보수라는 원칙은 매우 강력하게 유지되고 있다.

과는 극히 미미하다. 개방형 제도, 민간 경력자 채용, 민관 교류제도, 민간기관 교육훈련 등 수많은 시도들이 대표적 시도들이었다. 그러나 이러한 시도를 위해 투입된 노력과 비용에 비하여, 그 지향하는 목표의 달성은 매우 미흡했다고 평가되고 있다. 목표의 효과적인 달성은커녕, 제도적 요소를 도입하는 자체만으로도 다양한 난관을 경험하고 있는 중이다.

앞에서 논의한 민간인 경력채용과 개방형 충원도 그렇다. 민간인 경력자를 5급으로 직접 채용하거나 개방형으로 고위 공무원을 충원하고자 하나, 근본적 문제에 봉착해 왔다. 대안이 있어야 하는데, 훌륭한 대안이 독일의 공근무자 채용 및 활용 제도이다. 이것은 공무원 제도의 경직성을 완화시킬 유연성을 주입하고, 보수와 근무여건에 다양성을 주입하여 유능한 민간인의 진입을 촉진할 수도 있을 것이다. 공무원 개인들에게는 민간부문에서 누리는 근로조건과 노동권 그리고 자율성을 누릴 수 있는 여지를 열어준다. 공직의 근무조건이 항상 민간부문의 근무조건과 밀접한 연동 속에서 비교되고, 조절될 수 있는 장치가 된다. 전통적 계급제의 고질적 한계 때문에, 직업공무원제의 다양한 요소를 주입하고자 노력하는 시도들을 산발적으로 시도하고 시행착오를 반복하며 비용을 낭비할 필요도 감소한다. 오히려 공무원들에 대하여 보다 강력하게 국가사회에 대한 충성과 헌신을 요구하는 배경으로 작용할 수도 있다. 독일이나 한국에서는 문화적으로 공무원에 대하여 공공성과 헌법에 대한 충성의 요구수준이 높은데, 이를 더욱 강력히 요구할 수 있는 배경으로 작용할 개연성이 크다.

〈표 6〉 독일의 공직 근무자 규모와 실태

	1991	1995	2000	2005	2010	변화 1991 ~ 2010	
						절대치	비율
공무원/법관	1,390,100	1,587,400	1,615,900	1,643,600	1,687,100	297,000	+21.4%
공근무자 (Tarifbeschaeftigte)	3,953,100	3,469,500	3,032,700	2,719,700	2,713,400	-1,239,700	-31.4%
군인	257,300	194,300	186,600	185,100	185,700	-71,600	-27.8%
총계	5,600,400	5,251,200	4,835,300	4,548,400	4,586,100	-1,014,300	-18.1%

출처 : Der öffentliche Dienst des Bundes: *Daten zur Personalstruktur*, 2011.

3. 파트타임 정규직 공무원의 대폭 확대

고용방식의 개혁과제로, 파트타임 정규직 공무원의 확대를 제안하고자 한다. 이는 5급 이상의 관료 엘리트에도 해당하는 내용이지만, 6급 이하의 공무원들에게 주로 해당할 수 있는 내용이기도 하다.

전통적으로 영국은 공무원[33]의 공식적 분류 자체를 풀타임과 파트타임, 그리고 사무직과 기술직으로 구분하여 왔다. 파트타임을 정규직의 중요한 공무원 유형으로 간주하고, 그 비중을 확대 관리하고 있는 실정이다. 심지어 고위공무원단(SCS) 직급에도 120명의 파트타임 공무원들이 근무하고 있다.

파트타임 공무원에 대해 영국의 인사위원회[34]는 '정규 근무 시간이 일정 직위나 기관의 정상적 근무시간보다 적게 일하는 근로자'로 정의하고 있다. 이들은 정규직 공무원으로 경력직 혹은 임시직 공무원일 수도 있다.[35] 독일의 경우는 보다 구체적으로 파트타임 공무원을 풀타임 공무원이 근무하는 시간의 95% 이하 시간을 근무하는 자를 말하는데, 연방의 중앙정부 전체 공무원 186,113명 중 27,879명이다[36](OECD, 2012).

〈표 6〉을 보면 영국의 지방정부에서 파트타임이 차지하는 비중을 알 수 있다. 영국 잉글랜드와 웨일즈 지역 지방정부 공무원 1,840,600명 중 여성 파트타임 인력이 48.3%에 달하고 있고, 남

---

33 영국의 노동인구 3천 1백만 명 중 약 17% (5.4 million)가 공공부문에서 일하고, 약 1.4% (439,000 명)만이 중앙정부의 공무원이다. 중앙정부 공무원의 수는 최근 2005년 초 정점을 이룬 후 약 25% 감소한 실정이다.

34 http://www.civilservant.org.uk

35 http://www.nj.gov/csc/about/about/terminology

36 2011년 통계 기준.

성 파트타임도 6.6%에 이른다. 지방정부 인력은 75% 정도가 여성화되어 있고, 여성 가운데 다수는 파트타임으로 근무하는 실정이다.

한국의 경우, 부록의 〈표 1〉과 〈표 2〉가 보여주듯, 파트타임에 대한 개념이 정립되어 있지 않고, 통계로써 별도로 관리 및 활용되지도 않고 있다. 오랫동안 파트타임은 비정규직과 동일시되어 왔다. 그리고 여성의 사회진출에 따른 육아문제의 심각성이 부상되는 동시에 여성의 경력단절이 함께 쟁점화 되었다. 이는 가족친화적 근무와 복지시책으로 해결될 수 없는 근원적 고용형태의 문제를 야기하는 주제이다.

한국의 경제인구 변화, 여성의 경제활동, 가족친화적 근무형태의 필요성을 종합하면, 결국 파트타임의 고용형태를 정규직 공무원의 일부로 적극 확대하는 방안이 절실하다. 다양해진 삶의 방식을 포용하며, 사회적으로 유연한 인력활용 방식을 정착시키고, 육아 등 가족친화적 근무제도를 조기에 정착시키는 데 기여할 수 있다. 파트타임 근로 방식을 정상적 고용형태의 일부로 적극 포용하지 않는 한, 여기서 파생되는 문제에는 대처하기가 어려운 실정이다.

〈표 7〉 영국 지방자치단체의 파트타임 비율

	전체 고용		성별 및 고용시간별			
	Headcount	전체 FTE	남자 풀타임	여자 풀타임	남자 파트타임	여자 파트타임
	(QPSES)	(QPSES)	% of headcount (QPSES)			
자치단체별						
잉글랜드 단층 자치단체	389,400	271,500	17.1%	27.0%	6.9%	49.0%
런던의 구청	213,500	163,700	21.3%	34.8%	5.8%	38.1%
도시지역 구청	423,300	312,300	17.9%	29.2%	6.0%	46.8%
도	561,200	360,600	11.9%	24.8%	6.3%	57.0%
군	96,200	76,300	37.7%	26.1%	9.6%	26.6%
웨일즈 단층 자치단체	157,100	113,000	20.1%	26.4%	7.3%	46.3%
지역별						
동부 미들랜드	150,300	95,900	16.4%	24.7%	7.3%	51.7%
동부 잉글랜드	167,500	114,400	16.1%	26.6%	6.3%	51.0%
런던	213,500	163,700	21.3%	34.8%	5.8%	38.1%
북동부	94,000	70,200	21.7%	31.2%	6.0%	41.3%
북서부	255,700	183,900	16.8%	29.5%	6.4%	47.3%
남동부	249,100	175,200	15.9%	26.9%	6.2%	51.1%
남서부	150,500	99,900	16.5%	23.1%	7.2%	53.2%
웨일즈	157,100	113,000	20.1%	26.4%	7.3%	46.3%
서부 미드랜드	195,000	140,900	16.4%	28.2%	6.2%	49.3%
요크셔와 험버	207,800	140,200	16.5%	23.9%	7.6%	52.1%
합계						
잉글랜드	1,683,500	1,184,400	17.3%	27.8%	6.5%	48.5%
잉글랜드와 웨일즈	1,840,600	1,297,400	17.5%	27.6%	6.6%	48.3%

Ⅳ. 맺음말

한국에서 정부와 관료들은 열심히 일하고 잠재적 능력이 뛰어남에도 불구하고 사회적 대응성과 생산성은 낮은 수준으로 국내외에서 평가되고 있다. 이 간극의 원인을 규명하고, 해결책을 모색하기 위해서는 무엇보다 국민이 원하는 방향으로 정부의 혁신 방향을 설정하는 것이 긴요하다. 그 중에서 핵심적 요소가 고급 관료의 채용이고, 또 민관의 개방적 교류와 인력관리상 소통이라 할 수 있다.

지난 20여 년 동안 세계적으로 새로운 거버넌스의 시대가 도래할 것이라는 예견이 지배적이었다. 기존의 정부는 축소되고, 민간 부문과 시민단체 그리고 세계적 기구가 연합하는 통치체제가 새로운 국가관리의 모습으로서 정착되리라는 내용이었다. 그 구성과 운영은 기존의 정부보다 유연하며 수평적 네트워크 형태를 띠게 될 것이라는 내용도 포함되어 있었다.

그러나 거버넌스에 대한 논의가 시작된 지 20여 년이 흐른 지금까지의 추세를 놓고 평가해 볼 때, 기존의 정부가 약화되는 현상은 나타나지 않고 있다. 만성화된 경제위기와 세계화의 확장, 그리고 다양한 갈등해결의 필요성 속에서 기존의 정부는 그 영향력과 역할을 유지해 가고 있다.

이 글은 정부를 이끌고 있는 관료 엘리트의 역량을 개선함으로써 정부와 국가사회의 발전을 추동할 수 있다는 문제의식을 가지고, 관료 엘리트의 충원을 효과적으로 개편할 수 있는 방안을 모색하여 보았다. 충원방식이야말로 유능한 인재를 확보하고, 이들을 통해 국가사회의 발전을 도모할 수 있는 대단히 중요한 과정이다. 관료사회를 관리하는 측면에 있어서도, 충원방식에 따라 가치관과 지향점 그리고 기대욕구가 크게 영향을 받기 때문에 중요성을 갖는다.

여기서는 5급 이상 공무원을 관료 엘리트로 보고, 이들을 충원하고 채용하는 시험의 개선과 고용방식의 혁신을 검토하여 보았다. 분석 결과, 5급 공무원의 충원채용 과정에서는 단기적 혁신과제로 면접시험의 전면적 개선이 도출되었고, 장기적 과제로는 다양한 충원제도의 도입이 요청되었다. 현재로서 5급 공무원 충원의 개선 방식은 세 가지다. 1) 기업 방식으로 초임자를 평가하고 채용하는 트랙, 2) 민간경력자의 선발, 3) 현재의 5급 공개경쟁시험에서 면접을 개선한 방식 등이다.

지금처럼 획일적인 채용방식으로 입직한 관료 엘리트들은 획일적인 욕구구조를 갖기 때문에, 승진과 인사관리에서 매우 심각한 불합리와 비합리성이 발생하게 된다. 관료 엘리트의 충원과정에 다양성을 도입하는 것은 고위 관료들의 순혈주의를 타파하고, 민간부문에 대한 이해를 높이며, 사회적 대응성과 효과성을 제고하는 데에도 크게 기여할 것이다.

경직된 공무원사회에 유연성을 주입하기 위한 혁신적인 조치로 독일식 공근무자 제도의 도입을 제시하였다. 공근무자는 공무원 신분이 아닌 상태에서 공무원과 함께 공직 사무를 처리하는 사람들이다. 공무원과 공근무자가 함께 근무함으로써 '공무원의 책임성과 민간인의 유연성'을 효과적으로 결합시킬 수 있게 된다. 이는 한국이 전통적으로 보유해 온 계급제의 요소에 새롭게 발전시키려고 하는 직무중심의 직위분류제를 자연스럽게 융합시킬 수 있는 방안이기도 하다.

공무원에게는 국가에 대한 충성과 책임감을 더 강력히 요구할 수 있게 되고, 민간부문의 노동관계법에 따라 계약으로 고용된 공근무자에게는 창의성과 유연성을 기대할 수 있게 된다. 양자의 경쟁과 조화도 국가운영에 자연스러운 시너지 효과를 선사할 수 있을 것으로 기대된다. 무엇보다도 공무원 인사의 경직성과 한계를 극복하고자 시도된 수많은 정책들의 실패를 되풀이하지 않고, 가장 효과적으로 근본 목적을 달성하는 추동력을 얻을 것으로 판단된다.

마지막으로는, 고용방식의 개편방안으로 파트타임 공무원제의 확대를 제안하였다. 개인의 측면에서는 유능한 인력들이 점점 자유로운 삶을 희망하며 불안정한 사회변화에 대응하려 하고 있고, 심각한 경력단절을 경험하는 경우가 많아지고 있다. 여성의 경우는 특히 출산과 육아로 말미암아 불가피하게 경력을 일시적으로 단절해야 하는 경우가 빈발한다. 정부 조직의 측면에서는 인력관리의 유연성과 신축성을 확대할 필요가 있다. 직무의 성격에 따라 다양한 인력이 필요하고, 또 복지 서비스의 증가에 따라 파트타임이 더 효과적인 근무방식인 사례가 늘어나고 있다. 영국의 자치단체는 심지어 전체 인력의 55%를 파트타임으로 충당하고 있는 실정이다. 따라서, 한국의 경우도 '파트타임 = 비정규직'이라는 인식을 버리고, 새로운 공무원 고용의 형태로서 주목할 필요가 있다. 이것이 국민 개인의 삶에 만족도를 높여주고, 정부조직에게는 유연성과 효과성을 높여주는 방안이 된다.

위에서 제시한 공근무자 제도의 도입과 파트타임 고용자 확대는 한국의 공무원 제도가 처한 몇 가지 딜레마 상황을 해결하는 데 효과적 방책이 될 수 있을 것이다. 계급제와 직위분류제의 조화, 국가에 대한 책임성과 민간의 유연성 간 결합, 생애직 직업 공무원제 하에서의 경직된 인사관리와 공무원의 낮은 보수체계에 대한 돌파구 마련, 국민 개인의 경력단절 해소와 공무원 인력의 신축적인 충원 등을 동시에 해결하는 방안이기 때문이다.

공무원의 충원과 고용방식은 사회적으로 매우 중요한 의미를 보유하고, 해당 개인의 삶에도 의미 있는 영향을 미치게 된다. 따라서, 공무원의 충원과 고용방식 개편을 위해서는 철저한 준비를 통해 변화를 도모해야 한다. 문제의 분석과 대안이 철저하게 마련되었을 때, 충원과 고용방식 혁신은 효과를 시현할 수 있게 될 것이다.

참고문헌

강성철·김판석·이종수·최근열·하태권. (2001). 새인사행정론 (제3판). 서울: 대영문화사.

고재학. (2008). 공공기관 낙하산 인사에 관한 엽관주의적 해석: 정치적통제와 언론 의제 분석을 중심으로. 한국정책연구, 8(2), 103-125.

김명식. (2014). 민간경력자의 공직채용 확대과제와 방향. 한국치안행정논집, 11(3), 45-66.

김철. (2015). 공공기간 낙하산 인사의 문제점과 개혁 방안. 사회공공연구원 워킹페 이퍼.

김태완(2004) 책문, 시대의 물음에 답하라 : 조선 과거시험의 마지막 관문, 서울: 소 나무.

김태일. (2008). 대학생의 공무원시험 준비가 취업, 보수, 직업만족도에 미치는 영향. 한국행정학회 하계학술발표논문집, 2008(단일호), 1-21.

박길성 (2015) 국가 엘리트 생성 메커니즘: 프랑스 독일 미국 행정 관료 엘리트, 미 래사회의 리더십과 선진국가의 엘리트 생성 메커니즘, 박태준 미래전략연구총서 1, 137~184, 서울: 아시아.

박영범. (2014). 청년층의 취업관련 시험 준비 실태. KRIVET Issue Brief 49호.

양현모(2006) 독일정부론, 서울: 대영문화사.

양현모·황성원. (2010). 공무원 채용제도 개선에 관한 소고. 한국거버넌스학회보, 17(1), 203-236.

오석홍. (2005). 인사행정론. 서울: 박영사.

오성호·최무현·권용수·김영우·황성원. (2007). 공무원채용제도의 개편 방향: 공직예비 시험제도 도입을 중심으로. 한국인사행정학회보, 6(2), 129-162.

오호영. (2006). 공무원 채용시험의 인적자원개발 효과. 노동리뷰, 29-40.

유민봉·박성민 (2013) 한국 인사행정론, 서울: 박영사.

이종수 외 (2014) 성과급은 내적 동기에 어떤 영향을 미치는가, 한국인사행정학회보. 제13권 1호.

이종수 외 (2012) 조직내 저성과자 관리에 관한 실증연구, 한국인사행정학회보, 제11권 제3호: 55-77.

이종수(2006) 정부혁신과 인사행정, 서울: 다산출판사.

인사혁신처(2013) 공무원 총조사.

조홍식 (2015) 미래사회의 리더십, 미래사회의 리더십과 선진국가의 엘리트 생성 메커니즘, 박태준 미래전략연구총서 1, 65~136, 서울: 아시아.

최영철. (2001). 공무원 및 공기업 임·직원의 정치적 정실임용에 대한 이스라엘 감사원의 감사 경향의 연구. 한국행정학회 2001년도 춘계학술대회 발표논문집, 85-100.

Bozeman, B.(2007) *Public Values and Public Interest*, Goergetown University Press.

Campbell, Colin and Graham K. Wilson. (1995). *The End of Whitehall: Death of a Paradigm?*. Oxford: Blackwell: 50-71.

Condrey, S.E. (2010) *Handbook of Human Resource Management in Government*, John Wiley & Sons.

Löffler, Elke(2015) Germany, http://www1.worldbank.org

OECD(2012) *Human Resources Management Country Profiles: Germany*.

OECD. (2008). *The Senior civil Service in National Governments of OECD Countries*.

Office for National Statistics(2015) *Civil Service Statistics*, U.K.

Sullivan, Ceri,(2013) *Literature in the Public Service: Sublime Bureaucracy*, Palgrave Macmillan.

부록

〈표 1〉 국가공무원 직종별 현원

(단위: 명)

구분 Classification		합계 Total	여성 Female
합계 Total		634,501	310,860
정무직 Political Service		120	8
일반직 General Service		156,540	51,522
	고위공무원 Senior Executive	1,011	34
	3-9급 GR 3 - GR 9	126,976	43,478
	연구직 Reserch Service	5,016	1,873
	지도직 Advisory Service	121	31
	우정직 Postal Service	20,597	4,862
	일반임기제 Fixed-term(General)	831	341
	전문임기제 Fixed-term(Specialized)	702	219
	전문경력관 Specialist	633	155
	한시임기제 Temporary	653	529
특정직 Special Service		477,077	259,234
	외무 Foreign Service	1,819	530
	경찰 Police Service	115,254	10,139
	소방 Fire-Fighting	359	18
	교육 Educational	357,668	248,017
	검사 Public Prosecutor	1,977	530
별정직 Special Administrative Service		314	96

* 지방에 두는 국가공무원 포함, 출처 : 인사혁신처(2015) 통계연보

〈표 2〉 공무원의 현계급 평균 승진소요년수

(단위 : 년)

	고위공무원	1급	2급	3급	4급	5급	6급	7급	9급
일반직 국가공무원	2.7	-	-	8.4	8.6	9.3	7.7	6.5	4.5
지방직 국가공무원	-	4.7	5.8	6.5	9.9	11.7	9.9	5.1	3.4

출처 : 2013년 공무원 총조사 (인사혁신처)

〈표 3〉 국가 일반직공무원의 평균승진소요년수

(단위 : 년)

첫계급 현계급	2008년			2013년		
	5급	7급	9급	5급	7급	9급
고위공무원	23.8	28.3	33.6	21.2	28.2	32.9
4급	9.3	22.1	29.5	9.2	22.1	30.6
5급		14.9	25.2		14.6	25.2
7급			11.7			11.7

위의 통계는 현계급 재직자를 대상으로, 최초임용계급에서 현계급으로 승진하기까지 얼마나
소요되었는지를 산출한 것임. 즉 승진한 인원만을 대상으로 산출한 것임
출처 : 2013년 공무원 총조사 (인사혁신처)

〈표 4〉 계급별 평균승진소요연수 변화추세

(단위 : 년)

구분		고위공무원	1급	2급	3급	4급	5급	6급	7급	8급
국가	2008년	2.6	-	-	8.9	8.9	9.7	7.2	6.6	4.0
	2013년	2.7	-	-	8.4	8.6	9.3	7.7	6.5	4.5
지방	2008년	-	-	4.7	7.4	10.4	11.2	9.1	5.9	2.6
	2013년	-	4.7	5.8	6.5	9.9	11.7	9.9	5.1	3.4
법령상 승진소요최저연수		-	-	3년	4년	3.5년	2년	2년	1.5년

출처 : 2013년 공무원 총조사 (인사혁신처)

<표 5> 일반직공무원 중 행정·기술·관리운영직 현원

(단위 : 명)

구분	합계	고위공무원	3급	4급	5급	6급	7급	8급	9급
계	128,714	1,141	682	5,886	13,718	28,010	39,582	28,648	11,047
행정·기술·관리운영직군	127,670	1,011	680	5,743	13,561	27,833	39,389	28,568	10,885
시간 선택제	155				4	8	13	13	117
일반 임기제	688	130	2	120	133	115	101	44	43
시간 선택제 일반 임기제	39			13	7		11	8	
전담 직위	162			10	13	54	68	15	2

출처 : 인사혁신처(2015) 통계연보

통일과 행정관료의 역할
- 독일통일 과정 사례를 중심으로

정 창 화

정창화

학력
한국외국어대학교 독일어학과 졸업
독일 Speyer국립행정대 행정학석사
독일 Speyer국립행정대 행정학박사(Dr.rer.publ.)

주요경력
현 단국대학교 행정학과 교수
한독사회과학회장
한국행정학회 연구위원장(2015)
한국행정연구원 수석연구원 역임
대통령자문 정부혁신지방분권위원회 위원 역임
대통령소속 지방분권촉진위원회 위원 역임

주요저서 / 논문
「입법영향평가(GFA) 제도의 비교연구」
「독일의 공직제도에 관한 연구」
「유럽통합모델과 남북한 통합모델간의 비교분석」
『간문화주의와 다양성관리』(공저)
『간문화성과 한국의 정체성』(공저)

I. 서론

1989년 가을부터 시작된 동독지역의 집회는 동독의 전 지역으로 확산되어, 마침내 11월 9일 독일 베를린 장벽의 붕괴로 이어졌다. 이러한 장벽의 개방은 89년 12월 동서독 정상회담과 90년 3월의 동독지역 자유총선거로 연계되었다. 이후 국가조약과 통일조약의 체결로 독일은 '90년 10월 3일 통일국가의 과업을 달성하였다. '89년 10월 동독지역의 평화혁명이 독일인의 자결권 행사를 통하여 40여 년 분단의 고통을 극복하고 국가적 통일을 달성한 것으로 평가된다. 이는 제2차 세계대전 이후 1949년 기본법에서 부여된 헌법적 사명을 동서독 스스로 완수한 것이다.

〈그림 1〉 독일 통일의 과정

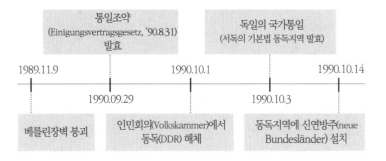

이러한 독일 통일이 가능할 수 있었던 요인들로는 국제적 상황 변화, 서독 기민당(CDU)의 대동독 우위정책 및 사민당(SPD)의 접근을 통한 변화 유도 등을 언급할 수 있다. 또한, 동서독은 1951년 베를린 협약을 체결한 이래로 분단 40여년 동안 지속적으로 경제·사회적으로 교류를 추진했는데, 자유민주주의, 시장경제 그리고 법치주의라는 기본틀 내에서 서독체제의 우월성도 중요한 요인으로 작용했다. 그리고 통일의 동력으로서 동독주민이 행한 민주혁명과 동서독 정부가 통일과정을 신속히 추진한 것이 국가 통일과업의 완성에 크게 기여했다. 동독의 경우, 베를린 장벽이 개방되고 동독 사회주의의 실패가 판명되자 장벽붕괴 후 2개월 내에 동독 인민회의가 동독헌법에서 공산당의 지도적 역할 조항을 삭제했다.

그동안 독일통일에 대한 국내의 연구동향은 역사적, 정치적, 경제적 그리고 법학적 관점에서 접근한 것이 대부분이다. 독일 통일을 미시적 그리고 행정학적 시각으로 접근한 연구는 다소 미흡하다. 특히, 통일과정에 대하여 관료 또는 덩어리조직으로서 관료제의 관점에서 연구한 것은 한국뿐만 아니라, 독일의 경우에도 매우 미흡하다.

관료(Bürokratie)는 공법(公法)상의 근무·충성관계로부터 공권력을 행사하는 고권(Hoheit)적 지위에 있으며, 통치기구에서 전문화된 행정막료(Verwaltungsstab) 즉 공무원을 의미한다(Bogumil & Jann, 2009: 339). 따라서 관료는 의사결정에 영향력을 미치는 조직의 일부(Teil einer Organisation)로서, 관료 또는 관료제는 행정조직이 법치주의 하에서 체현된 구체적인 모습으로서 "덩어리조직"으로 표현될 수 있다. "덩어리조직"으로서 관료는 통일과정에서 일종의 "정밀기계장치"와 같이 작동되었다. 서독 연방정부의 조직구조와 체계를 통하여 법치행정적인 행정작용으로서 독일의 내적통합을 달성하였다.

본고에서는 덩어리조직으로서 행정관료가 독일의 통일과정에서 어떠한 역할과 기능을 수행했는지 살펴보고자 한다. 먼저, 독일 행정관료제의 체계적 특성으로서 국가행정체계, 행정관료체계 그리고 행정관료 구조에 대하여 파악하고(제2장), 다음으로 통일과정에서 독일 행정관료의 역할을 연방수상부의 역할, 법제도형성의 역할, 행정질서형성의 역할 그리고 민주시민교육의 지원 역할 등으로 기술하고(제3장), 마지막 제4장에서는 한반도 통일과 행정관료의 역할을 통찰하기 위하여 제도통합을 위한 질서형성의 역할과 민주시민교육의 제도화 및 지원의 역할에 대하여 언급하고자 한다.

〈그림 2〉 연구체계

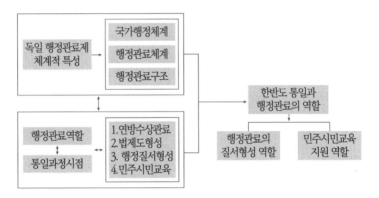

Ⅱ. 독일 행정관료제의 제도적 특성

1. 독일 국가행정의 체계

　독일 행정관료 체제의 제도적 특성을 파악하기 위한 전제로서 독일 국가행정체계의 특징에 대해 세 가지 측면에서 살펴보고자 한다.

　첫째, 연방국가적 특성이다. 독일은 16개 주(州)가 연방으로 구조화된 국가이다. 1867년 '북독일동맹(Norddeutsche Bund)' 결성이 독일 연방제의 시초였으며, 이후 연방제는 계속해서 확대·발전되다가 1933년 히틀러(A. Hitler)의 국가사회주의독일노동자당(NSDAP) 집권기에 일시적으로 폐지되었다. 그러나 제2차 세계대전에서 패전한 뒤 다시 부활되었으며, 동서독 분단시대에는 서독의 경우는 연방제가 민주주의의 제도 내에서 발전해 왔고, 동독의 경우는 1952년 연방제를 폐지하였다. 그리고 1990년 독일통일 후에 구동독이 5개의 연방주(州) 형식으로 서독에 편입되었다.

〈그림 3〉 독일의 연방국가 구조

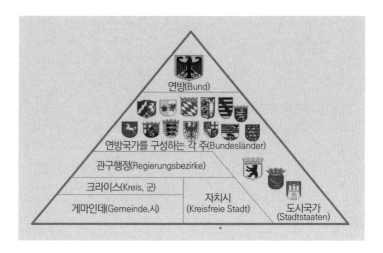

출처: https://de.wikipedia.org/wiki/Politisches_System_der_Bundesrepublik_Deutschland

　　연방국가로서의 또 다른 제도적 특성은 독일 행정구조의 기본적인 형태에 영향을 주고 있다는 점이다. 독일의 국가행정구조가 일반적으로 세 개의 독립적인 수준(연방-, 주- 그리고 지방자치행정)으로 구성된다는 것이다. 이들 세 수준의 행정은 독일의 헌법인 기본법(Grundgesetz) 및 각각의 개별법에 정해진 기능들을 수행하고 있다. 즉, 세 개의 행정주체(연방, 주 그리고 지방자치단체)는 매우 강력하게 독립적인 지위를 지니고 활동하고 있다. 따라서 독일의 행정구조는 지방분권적 지위를 매우 강하게 유지하고 있다는 것이 그 특징이다.

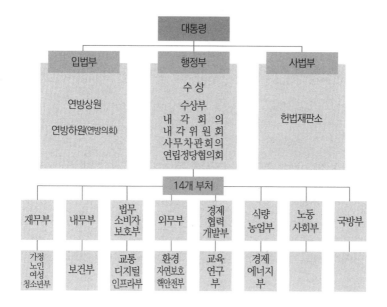

둘째, 연방정부의 조직체계적 특성이다. 독일의 중앙정부는 연방 정부와 연방행정기관으로 구성되어 있는데, 그 특징을 세 가지로 기술할 수 있다. 하나는, 연방정부는 수상 및 수상실청 그리고 14 개의 부처로 구성되어 있는 최고의사결정기관이다. 수상은 최고책 임자로서 기본정책노선을 결정한다. 또 하나는, 정책결정에 있어 서 몇 가지 원칙이 존재하는데, 그것은 수상원칙, 합의제원칙, 부 처원칙 등이다. 다른 하나는, 연방행정기관은 14개 부처의 책임자 인 장관을 중심으로 서로 유기적인 관계를 맺고 작동하며, 정부의

기본정책 노선을 실행한다.

셋째, 독일 행정체제의 기본 특성이다. 독일행정의 기본체제로서 세 가지 행정주체는 다음과 같이 같다. ①연방행정(Bundesverwaltung)이다. 연방행정은 수평적인 측면에서 직접연방행정(unmittelbare Bundesverwaltung)과 간접연방행정(mittelbare Bundesverwaltung)으로 이분할 수 있다. 행정업무 다수는 직접연방행정에 의해 수행되지만, 부분적으로는 간접연방행정으로 지칭되는 독립행정기구에 의해 수행된다. 원칙상 행정주체로서 연방은 기본법에서 권한이 부여된다. 그리고 연방정부 권한은 본질적으로 업무의 성격상 명시적으로 규정한 범위 내에서 행정작용을 수행할 권한을 갖는다. 따라서 연방정부가 직접적으로 수행하는 행정작용은 매우 제한되어 있다. ②행정주체로서 주행정(Landesverwaltung)이다. 연방의 주는 16개로 구성되며, 주행정의 하부조직으로서 정부관구(Bezirksregierung)가 설치되어 있다. ③지방자치행정(Kommunalverwaltung)이 있다. 독일에서 지방자치가 처음 시행된 것은 1808년이지만, 제2차 세계대전 후부터 중앙집권적이고 수직적인 제도에서 발생되는 행정상의 문제점을 해결하기 위하여 지방자치제가 적극적으로 추진되었다. 지방자치단체의 유형은 군(Kreis), 자유시(kreisfreie Stadt) 그리고 게마인데(Gemeinde) 등으로 나눌 수 있다.

그 밖에 독일의 입법기관 구조는 연방상원(Bundesrat)과 연방하원(Bundestag)으로 이원화되어 있으며, 사법부의 조직 특성은 연방(Bund)뿐만 아니라 16개 주(Länder) 정부에 분할되어 있다는 것이다.

2. 독일 행정관료의 개념적 특성

독일 행정관료제의 제도적 특성은 막스 베버(Max Weber)의 관료제 연구에서 찾아볼 수 있다. 베버(Weber)의 이념형(ideal type) 관료제의 특징은 공법(公法)체계형 국가에서 국가의 목적을 실현시킬 수 있는 수단지향적인 관료적 합리성을 추구하는 것이다.

독일은 이미 1871년 비스마르크에 의한 두 번째 제국적 통일 이후에 행정관료제를 독자적으로 구축하였다. 대학을 중심으로 한 교육체제, 엄격하고 수준 높은 임용시험과 훈련절차, 관료의 신분에 대한 인사행정 및 관련 법률의 정비, 관료에 대한 정치적 충성 확보의 메커니즘, 보수체제(Besoldungssystem)의 정비 그리고 사회 내의 신분적 위상 등에서 행정관료제의 제도가 국가 내에서 체현된 것이다(김성수, 2000: 73).

특히, 독일 행정관료제는 그 형성과정에서 대학교육을 매개로

하여 동질한 사회적 배경과 교육훈련을 가짐으로써 결과적으로 연방과 지방, 정치엘리트와 행정엘리트 사이에 유사한 정치행정문화를 형성하는 배경으로 작용하고 있는데, 이것은 독일 행정관료제를 통하여 독일행정의 높은 성과를 뒷받침하는 핵심적인 요인으로 평가된다(김성수, 2000: 73).

1) 독일 행정관료의 개념 및 특징

독일에서 공무원(Beamte) 또는 공근무자(Öffentlicher Dienst)라는 용어는 법적으로 개념이 정의될 수 있다.[1] 그러나 공근무자라는 개념은 일반적으로 적용되는 것이 아니라, 개별 법률에 따라 상이하게 적용되는 것이다(Treubrodt, 2014: 13). 또한 일반적으로 법에 따른 개념 정의는 그 범위 내의 개별 법령에 귀속된 특정사안으로 한정되는 단점이 있다. 또한 공무원이라는 용어는 법령상 정의와는 다소 차이가 있을 수 있다. 왜냐하면, 공무원의 기원이 헌법적 전통에 기초하고 있기 때문이다. 즉, 헌법(Verfassung)에 기초한 개념을 준용해야 한다는 것이다.

용어상 한계를 다소 극복하는 것과 관련하여, 독일 기본법(Grundgesetz)상에 '공무원'이라는 용어의 적용은 과거보다 용어상

---

1   Sartorius I (2002), p. 160; 고용보호법(Arbeitsplatzschutzgesetz) 제15조 제2항 그리고 연방 공무원법(Bundesbeamtengesetz, BBG) 제158조 제5항 참조

한계를 다소 극복하는 데 기여했다. 즉, 공무원은 공법(公法)상 법적 근거를 두고 있는 기관, 재단 또는 지방자치단체 등 행정주체가 직접 고용한 사람들을 총칭한다. 따라서 공무원은 사실상 공법상 특별한 지위를 제도적으로 보장받은 법률(독일재판관법 제3조)과 봉급을 수령하는 공무피용인, 군인(군인법 제1조 제1항), 공공기관이 고용한 기타 피고용인을 포함한다.[2]

독일에서 직업공무원제도는 헌법상에 그 근거를 두고 있다. 기본법 제33조 제5항에 따라 공법상 근무·충성관계에 기속된다. "공무원법(Das Recht des Öffentlichen Dienstes)은 공무피용자를 포함하여 직업공무원제도의 전래된 기본원칙을 고려하여 명문화하여야 한다"는 것이다. 동 조항에 따라서 직업공무원제도의 제도보장을 선언하고 있다.[3]

2) 독일의 이원적 공직구조

독일의 공직구조는 공무원(Beamte)과 민간근무자인 공무피용자(Tarifbeschäftigte)[4]로 이분되는 이원적 구조(Zweispurigkeit des

---

2   H. Lecheler (1997), "Die Gliederung des öffentlichen Dienstes," Klaus König & Heinrich Siedentopf (eds.), Öffentliche Verwaltung in Deutschland, 2. Auflage (Baden-Baden: Nomos Verlagsgesellschaft), pp. 501~503.

3   김선욱 (1999), 『공무원법 비교 연구』, (서울: 이화법학연구소), p. 4.

4   공무피용자(Tarifbeschäftigte)는 과거 공무직원(Angestellte)과 공무노동자(Arbeiter)로 이분되었으나, 2006년 1월부터 통합되었다.

öffentlichen Dienstes)로 체계화되어 있다. 공무원(Beamte)은 공법(公法)상 근무·충성관계로부터 공권력을 행사하는 고권(Hoheit)적 지위에 있으며, 사법(私法)상 계약관계에 기초해서 고용되는 공무피용자(Tarifbeschäftigte)는 공권력행사 이외의 업무를 행사하고 있다. 이러한 국가의 이원주의적(Dualismus) 공무담당자(Amtswalter) 시스템은 독일헌법인 기본법 제33조 제4항(Art. 33 Abs. 4 GG)에 근거하고 있다(Treubrodt, 2014: 19).

〈그림 5〉 독일의 이원적 공직구조

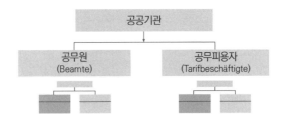

상기하였듯이, 기본법 제33조 제4항에 의하여 사법상 근무계약에 의한 비공무원인 공무피용자(공무직원(Angestellte), 공무노동자(Arbeiter))와 고권적 권한을 행사하는 공법상 근무·성실관계에 있는 공무원(Beamte)은 이원화된 공직구조(Zweispurigkeit des öffentlichen Dienstes)로서 설명된다. 공무피용자(노무원 포함)는 근무계약(Dienstvertrag)에 따라 그 근무관계가 성립한다. 또한 이 근무

계약은 원칙적으로 해지할 수 있다. 보수는 일반조세로 받는 공무원과 달리 임금협약(Tarifvertrag)에 따라 정해지며, 연금도 공무원과 달리 연금에 대한 국가의 법적인 보장의무가 없다. 노사관계와 관련해서는, 결사의 자유를 보장하는 독일연방기본법 제9조 및 연방공무원법 제91조에 근거하여 공무원(DBB)과 공무피용자(ver.di)은 직능조직이나 노동조합을 조직할 수 있다.

〈표 1〉 공무원과 공무피용자 비교

기준	공무원(Beamte)	공무피용자(Tarifbeschäftigte)
직무수행종류	고권적(Hoheitlich) 권한업무	비고권적 권한업무
법적근거	기본법/법률	기본법/법률/근무계약(Tarifverträge)
법적관계발생	행정행위로 인한 임명 (행정절차법 제35조)	근무관계 계약(민법전(BGB) 제611조)
근무의무	전일근무	노동법에 따른 의무
근무기간	종신고용(정년까지)	무기계약(단기근무가능)
보수	공무원보수규정(Besoldung)	성과에 따른 보수
행정구제	행정소송(행정법원)	민사소송(노동법원)

출처: D. Treubrodt(2014). Beamtenrech Berlin, Verwaltungsakademie Berlin, p. 20.

공무원(Beamte)과 공무피용자(공무직원(Angestellte), 공무노동자(Arbeiter)) 간에는 업무 영역뿐만 아니라 업무 기능에서도 차이가 있다. 공법상의 공무원은 공공행정 및 질서유지, 공권력 집행업무와 전통적인 핵심 행정영역에서 행정작용을 수행한다. 또한 주요

담당업무는 행정관리 및 지휘기능이 핵심으로, 예를 들면 치안, 법무, 재무 및 세무 업무 등이 그것이다. 이에 비해 공무피용자는 일반적으로(in der Regel) 기술관련 업무 또는 보건이나 복지 업무 그리고 전문성에 기반한 보완적 역할을 수행한다. 이것은 공무원-공무피용자로 구성된 독일의 이원적 공직구조가 분업적·상호보완적 관계로 자리를 잡고 있음을 의미한다. 이러한 이원적 공직구조는 공직체계의 상호견제를 통해 체계(system)가 구성하는 구조(Structure)와 프로세스(process)의 균형(equlibrium)을 유지하게 한다. 또한 공직사회의 투명성과 공무수행의 건전성을 제고하는 조직구조로 제도화되었음을 의미하고 있는 것이다.[5]

3. 독일 행정관료의 구조·기능적 특성

독일의 국정운영 기본원칙은 '기본법(Grundgesetz)'에 의한 상당히 높은 수준의 제도화에 있다. 특히, 독일은 '수상민주주의(Kanzlerdemokratie)'라고 지칭될 정도로 다른 의원내각제 국가에 비해서 수상의 권한이 강한 국가이며, 수상의 강력한 지위는 독일헌법 기본법(Grundgesetz, the Basic Law) 제65조에 근거한다.

---

5   남창현 (2003), "독일의 공무원제도와 이공계 전공자," 『공학교육과 기술』, 제10권, 4호, pp. 13-22.

장관 Bundesminister	
(사무)차관 Staatssekretär	Unterstaatssekretär(차관보)
고위직 (Höherer Dienst)	Ministerialdirektor(국장급)
	Ministerialdirigent(부국장급)
	Ministerialrat(과장)
	Regierungsdirektor(상급사무관)
	Oberregierungsrat(중급사무관)
	Regierungsrat(초급사무관)
상급직 (Gehobener Dienst)	Amtsrat(주사)
	Regierungsamtmann(주사보)
	Regierungsoberinspektor(서기)
	Regierungsinspektor(서기보)
중급직 (Mittlerer Dienst)	Regierungshauptsekretär(일등사무원)
	Regierungsobersekretär(이등사무원)
	Regierungssekretär(삼등사무원)
	Regierungsassistent(사무원보)
단순직 (Einfacher Dienst)	Amtsmeister(선임사무조수)
	Hauptamtsgehilfe(일등사무조원)
	Oberamtsgehilfe(이등사무조원)
	Amtsgehilfe(삼등사무조원)

이러한 독일 국가시스템 하에서 행정관료의 구조적 기능적 특성은 다음의 세 가지 측면에서 접근할 수 있다.

1) 덩어리조직으로서 구조적 특성 : 행정기관으로서의 행정관료제

독일은 기본법(Grundgesetz)을 골격으로 각각의 행정주체가 고유의 행정조직을 설치·운영하고 있으며, 이를 통하여 행정권한을 행사하고 있다. 이때 연방행정은 연방정부와 연방행정기관이 담당한다. 연방정부(Bundesregierung)는 연방수상부 및 14개 연방부로 구성되어 있으며, 연방의 최고 의사결정기구로서 그 역할을 수행하고 있다.

〈그림 7〉 행정기관으로서의 독일 행정조직체제

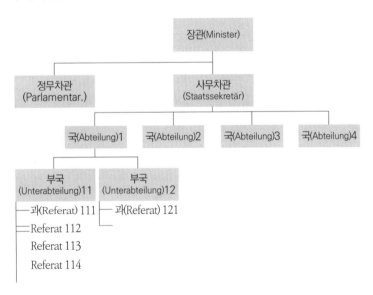

차관은 연방행정기관장의 하부조직이며, 차관의 하부조직으로서 국(局, Abteilung) 및 과(課, Referat)가 설치되어 있다. 국(局)은 보통 최소 2개 이상을 두며, 국(局) 밑에는 3~4개의 부국(Unterabteilung)으

로 하부조직화 되어 있다. 부국(副局)은 몇 개의 과(課, Referat)로 구성된다. 이러한 과(課, Referat) 단위의 하부조직에서 연방행정기관의 해당 소관업무에 대하여 실질적인 집행이 실시된다(그림 7 참조).

일반적으로 독일 연방정부에서 국(局) 단위의 하부조직은 총국(Zentralabteilung), 기획국(Grundsatzabteilung) 그리고 전문국(Fachabteilung)의 형태로 조직화되어 있다. 이들 중 전문국은 한 부처에 보통 4개 또는 5개가 있다. 상기하였듯이 국(局)의 하부조직은 부국(副局)(Unterabteilung)을 포함하여 과(課) 단위의 하부조직이 위계적(hierarchical)으로 구성되어 있다(Busse, 2001 : 66). 특히, 연방의 행정기관에서 국(局)(Abteilung)의 하부조직인 부국(副局)을 대신하여 단(團, Gruppe)을 설치할 수 있다. 이때 단(團, Gruppe)은 하나의 팀(Team)처럼 조직되어 있어, 행정작용시 업무상황에 유연하게 대처할 수 있다는 장점이 있다. 다른 연방부처와 마찬가지로 과(課)는 행정기관 업무수준의 기초단위가 된다. 업무 관할권에 근거하여 국(局)-단(團)-과(課)와 같이 기존의 고전적 행정체제가 유연성을 요청하는 정부조직에는 다소 부합되지 않는다는 비판도 있다. 그러나 연방행정기관의 하부조직 업무관할권에 근거하여 다수의 행정 업무와 문제를 동시에 해결하고 처리할 수 있는 장점이 있고, 연방행정기관의 원활한 행정업무수행을 보장함으로써 그대로 유지되고 있다.

2) 국가 정책형성의 역할

행정관료는 독일 기본법 제33조 제4항에 공법(公法)상 근무관계 및 충성에 대한 위임관계가 설정되며, 공권력을 행사하는 고권(Hoheit)을 지니고 있다. 이러한 고권적 지위에 있는 행정관료가 국가의 정책형성 과정에서 중요한 역할을 수행한다.

일반적으로 독일의 국가정책은 ①주무부처 관료의 초안 작성, ②정책사안에 대한 이해당사자간 협의 조정, ③내각회의'를 거친다. 이러한 정책 과정에서 정책에 대한 구상은 연방수상과 연방의 각 부처가 관련 이해당사자간 협의를 거치며 그 정책안이 내각회의에 상정되어 심의를 통해 확정된다. 이후 상원인 연방참의원의 동의를 받아 연방하원인 연방의회가 입법화하게 된다.

정책 아젠더 형성은 수상과 관련 부처의 행정관료를 중심으로 시작된다. 우선적으로 다루려는 이슈에 대해 관련 부처의 공무원과 수상부가 협의하여 구상하는 방식으로 정책 아이디어가 제시되는 것이 일반적이다. 이런 경우에는 부처 공무원과 수상부가 정책 이슈에 대한 자료와 지식을 모아 정책의 필요성과 개략적 방향과 내용에 관해 합의하는 방식으로 진행된다.

반면에 정치적으로 정책 아이디어가 구상되는 경우도 있으며, 이 경우에 정책 아이디어는 수상과 관련 장관의 비공식적인 협의를 통해서 준비된다. 이때 수상과 그의 보좌관 그리고 한두 명의

장관 사이에서 새로운 정책구상이 논의되지만 수상과 한 명의 장관 사이에서 논의된 이슈가 정책구상으로 나타나기도 한다.

〈그림 8〉 독일 국정운영체계에서 정책형성 순환구조

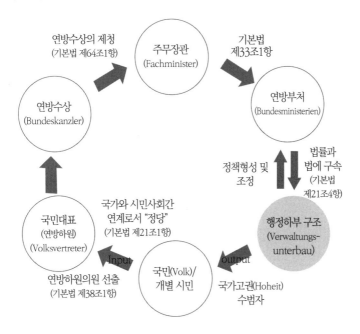

출처:https://upload.wikimedia.org/wikipedia/commons/a/a1/Legitimationskette_unmittelbare_Staat
sverwaltung_vereinfacht.png (2015년 8월 2일)

　　독일의 국정운영체계 내에서 관료의 역할은 행정하부구조(Verwaltu ngsunterbau)로서 정책을 형성하고 조정하는 데 있다. 독일의 정부 조직은 기본법에 따라 설치된다. 기본법 제62조에 따르면, 연방정부에는 연방수상과 연방장관들이 소속되며 이들이 연방내각을 구성하도록 명문화되어 있다. 특히, 연립정부일 경우에는 수상의 제안이 정치적으로 형성된 연합합의(Coalition Agreement)에 정치적으로 종속되기 때문에 내각을 구성하기 이전에 이에 대해서 협상하여야 하는 구조이다. 협상구조의 이면에는 행정관료가 역할을 수행하고 있다.

정책형성 과정에 행정관료의 역할은 정책초안 작성과 정책초안 작성 후 주무부처의 의견을 수렴하여 정책안에 대한 완성도를 제고하는 것이다.

정책초안 작성은 주무부처의 행정관료가 담당하며, 정책형성 시에 매우 중요한 역할을 수행한다. 담당 행정관료는 정책초안 작성을 위해 다양한 의견수렴을 하며, 의견수렴의 대상은 다루는 이슈의 관련 이익집단을 포함하여 포괄적인 문제를 고려한다. 이때 연방수상의 입장을 반영하기 위해서 수시로 수상부와 협의한다. 특히, 연방수상부(Bundeskanzleramt)는 정책초안이 연방수상의 입장이나 '국정운영일반지침'에서 이탈되지 않도록 조정한다.

정책초안 작성 후 주무부처의 의견을 수렴하는 과정에서 행정관료는 정책안에 대해 다른 부처와의 연관성을 검토한다. 연관성이 높은 경우, 부처간 협의가 전제된다. 정책안 신규예산이나 지출확대가 요구되는 경우에는 연방재무부와 별도 협의를 추진한다.

<그림 9> 독일 행정관료와 정책결정

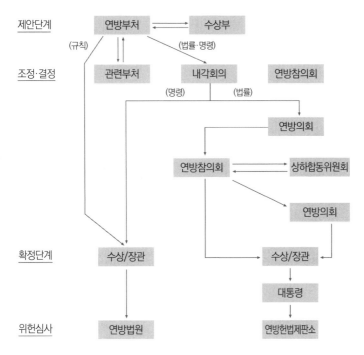

자료: 이송호 2002, 422

3) 연방수상관료와 부처간 정책조정자의 특성

독일의 국정운영체계 내에서 연방수상은 기본법(Grundgesetz) 제 65조에 따라서 강력한 권한을 행사하고 있다. 기본법 제65조 정부원칙(Regierungsprinzipien)은 수상의 원칙(Kanzlerprinzip, Principle of Chancellor policy guidelines), 부처관할의 원칙(Ressortprinzip, Principle of ministerial autonomy), 합의의 원칙(Kollegialprinzip, Principle of joint Cabinet decision-making)을 선언하고 있다.

〈그림 10〉 독일 정부관료제 정책조정기능의 구조화

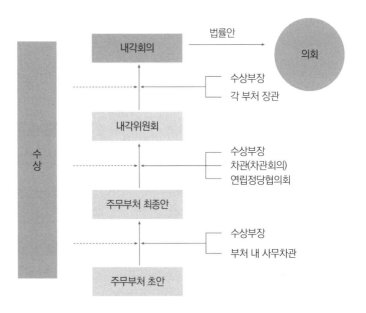

'수상의 원칙'은 연방수상이 국가의 운영과 국정관리를 결정하고 국가가 추구하는 기본방향을 설정할 수 있음을 의미한다. '부처 관할의 원칙'은 기본적으로 정책은 각 소관부처가 담당한다는 것이다. 단, 각 부처의 장관은 연방수상이 정한 국정운영의 기본방침 내에서 소관부처의 업무를 추진하여야 한다. '합의의 원칙'은 연방

부처간의 정책대립에 대한 조정과 정책합의가 내각 안에서 이루어져야 한다는 원칙임을 의미한다.

독일 행정관료는 부처간 정책조정시 행정관료협의를 통하여 일차적으로 정책조정을 추진한다. 정책초안에 대해 연방부처간 이견이 발생할 경우, 우선적으로는 부처간 협상에 의해 해결한다. 그러한 과정에서도 정책갈등이 해결되지 않을 경우, 행정관료협의(국장급회의 또는 사무차관회의)를 통하여 정책조정을 추진한다. 그러나 부처간 협의를 통하여 문제가 해결되지 않으면 연방수상부에 보고되어 조정된다. 정책안에 대한 실질적 조정과 의회 내부지지가 필요로 하기 때문에, 연방정부정책에 대한 주요 내용을 주(州)정부와 집권당과도 협의하고 있다.

협의조정과정 이후 정책안은 내각회의에 상정된다. 주로 내각회의에 상정되는 정책안은 정치적으로 재정적으로 중요하여 논의가 필요한 정책이슈이며, 예산수반이 불필요한 정책안의 경우에는 각 부처 장관들에게 서면회람을 하며 일정기간 내 이의가 없으면 정부정책으로 확정된다. 그러나 서면회람 과정에서 부처간 이견이 제기되면 즉시 회람은 중단되고 내각회의에 상정해야 한다.

III. 독일 통일과정에서 행정관료(제)의 역할

독일 통일의 과정은 지난 1989년 11월 9일에 야기된 베를린장벽(Berliner Mauer)의 개방으로부터 출발한다. 이후 통일을 위한 헌법적 문제에 대한 논의가 있었으며, 서독의 콜(Kohl) 수상과 동독 내각평의회의 모드로(Modrow) 의장간 정상회담이 개최되었고, 동독에서 최초의 자유총선거가 실시되었다. 이어서 경제 사회 화폐 통합을 위한 국가조약이 체결되었고, '90년 8월 31일 마침내 통일조약(Einigungsvertrag)이 체결되었으며, 동년 10월 3일 국가적 통일의 과업이 완수되었다. 국가통일의 완성 과정에서 행정관료의 역할은 동독지역에 법치주의를 구현하는 일종의 "정밀기계장치"와 같았다.

〈그림 11〉 통일을 위한 헌법문제와 연방수상실의 관할권

① 1989.11.9	② 1989.11.28.	③ 1989.12.18.	④ 1990.2.7. - 1990.8.31.	⑤ 1990.10.03.
Berlin장벽 붕괴	통일을 위한 헌법적 문제 서독 연방부처 담당국장- 관할권 회의	콜(Kohl)- 모드로브 (Modrow) 정상회담 (드레스덴)	독일 통일과정의 마라톤 협상(6개월) 국가조약(1990.05.18) 선거조약(1990.08.03) 통일조약(1990.08.31)	독일 국가 통일

1. 연방수상부의 정책형성 · 조정의 역할

1) 연방수상부의 행정고권

통일관련 정책형성 및 조정과정에서 연방수상부의 역할은 매우 크다. 상기하였듯이, 독일의 국정운영 작동체계 내에서 수상과 수상관료의 역할은 주도적이라고 할 수 있다. 이것은 독일 헌법이 연방수상에게 기본법(Grundgesetz) 제65조에 근거하여 강력한 고권적 권한(hoheitliche Befugnisse)을 부여하고 있기 때문이다.

연방수상부는 구조기능상 행정관료제의 계층제 원리에 따라 조직되어 있으며, 통일과정에서 정책형성 및 조정자의 역할을 수행하였다. 연방정부의 축소판 형태를 띠고 있는 연방수상부는 국·과체제로서, 각 국(局)은 각 부처의 조직들과 상응하여 구성되어 있다. 3명의 정무차관(Staatminister)과 1명의 사무차관(Staatssekretär) 밑에는 6개의 국으로 구성되어 있다.

연방수상부의 조직은 제1국 법률·행정, 제2국 외교·안보, 제3국 국내정책, 제4국 경제·재정, 제5국 유럽정책, 제6국 국가정보 등으로 분화되어 있다. 특히, 제1국은 연방수상부의 내부관리 업무와 함께 내무 및 법무 행정기관들의 업무를 조정하는 기능을 수행하고 있으며, 중앙정부와 지방정부간의 업무 조정도 함께 담당하고 있다. 제2국, 제3국 그리고 제4국은 외교안보, 국내정책, 경제재정 및 분야별 정책조정을 담당한다. 제5국은 유럽정책 전반을 담당하고 있으며, 제6국의 경우에는 정보기관의 활동을 조정하고 지휘하고 있다. 그리고 통일 직후 신연방주(구 동독지역) 담당실이 설치되어, 통일과정 전후에 대한 정책문제를 조정하였다.

〈그림 12〉 독일통일 이후 연방수상부의 조직과 행정수비 범위

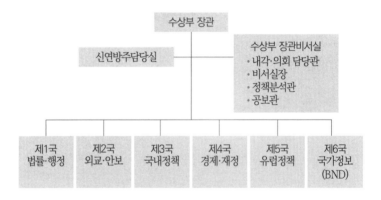

내각회의와 의회를 통과한 통일관련 정책안은 수상부에서 최종 관리한다. 내각회의 논의나 서면회람을 통해 정책으로 결정되면, 먼저 연방상원의 동의를 받아야 한다. 연방상원의 동의를 받은 정책안의 최종확정은 수상부에서 담당한다. 만약 연방상원에서 수정을 제의하면 수상부는 주무장관 및 관련 부처 장관들과 상의 후 다시 내각회의에서 논의해야 한다. 최종 확정된 정부정책은 법

률안일 경우 연방의회로, 명령안일 경우에는 수상과 주무장관에게 이관됨으로써 입법화를 완료한다.

베를린 장벽 붕괴 후 1990년 3월부터 8월까지 서독과 동독과의 긴 마라톤 협상기간에 독일 문제가 정책적으로 표류상태에 있을 때, 서독의 연방수상부는 상황변화에 신속히 대응하는 의사결정을 통하여 통일과정을 주도하였다.

2) 연방수상부와 국가통일의 헌법문제

독일통일 관련 연방수상부의 최대 과제는 국가통일에 대한 헌법적 문제를 처리하는 것이었다. 통일과정에서 통일국가 구조형성을 위한 기본문제는 동·서독이 수용할 수 있는 법·제도의 새로운 형성이었다. 두 개의 상이한 독일 국가를 법·제도적으로 결합시키기 위해서는 국가법적·헌법적 고려가 전제되어야 했던 것이다.

〈그림 13〉 통일을 위한 헌법문제와 연방수상실의 관할권

① 1989.11.9	② 1989.11.28.	③ 1989.12	④ 1990.2.7. - 1990.8.31.	⑤ 1990.10.03.
Berlin장벽 붕괴	통일을 위한 헌법적 문제 연방부처 담당국장- 관할권 회의 (연방수상실)	동서독 정부부처 회담/콜(Kohl)- 모드로(Modrow) 정상회담 (드레스덴)	독일 통일과정의 마라톤 협상 (6개월) 국가조약(1990.05.18) 선거조약(1990.08.03) 통일조약(1990.08.31)	독일 국가 통일

통일을 위한 헌법적 문제는 1989년 11월 28일 서독의 콜 (Kohl) 연방수상이 연방의회에서 '독일과 유럽의 분단극복을 위한 10대 프로그램'(10-Punkte-Programm)을 제시하면서 시작되었다. 동독 내각평의회의장 모드로(Modrow)가 제안한 조약공동체 (Vertragsgemeinschaft)에 대한 연방정부의 검토가 수반되었다. 연방수상부(Bundkanzleramt)가 이에 대한 관할권을 가지고 전문가협의회 (Ressortbesprechung)를 개최하였다. 여기에는 연방외무부(BAM), 연방내무부(BMI), 연방법무부(BMJ) 그리고 연방내독관계부(BMB) 등의 담당국장이 참석하였다. 하지만 성과는 미흡했다. 결국 양독간 통일국가의 전제는 연방적 구조(Konföderative Struktur)를 거쳐 통합되어야 함을 주장한 연방수상부에서 이에 대한 관할권을 독자적으로 행사하게 되었다(Wichmann·Thomas·박진완, 2010: 564-565).

3) 동서독 부처회담과 정상회담

서독 콜(Kohl) 연방수상과 동독 내각평의회의 모드로(Modrow) 의장간 정상회담이 개최되기 이전에 동·서독간 보건 경제 환경 교통 재정 통신 분야의 협력을 강화하기 위한 부처별 회담과 동서베를린 시장회담을 통하여 독일통일을 가속화하였다(김영탁, 1997: 141).

부처	회담내용
교통부 ('90.12.12)	공동교통망에 대한 계획선거조약('90.8.03) 통일조약('90.8.31)
체신부 ('90.12.12)	우편 및 통신분야에 대한 협력 및 긴급대책
보건부 ('90.12.13)	동독의 보건분야 지원
경제부 ('90.12.14)	경제관련 공동위원회의 구성
환경부 ('90.12.14)	환경에 대한 공동위원회의 구성
동·서베를린 시장 ('90.12.5/12)	베를린(동·서) 공동위원회의 설립
재무부 차관회의 ('90.12.17)	동독 마르크화의 인정을 위한 대책 논의

※ 자료: 김영탁(1997), p.141

1989년 12월 19일 독일 드레스덴에서 서독의 콜 연방수상과 동독의 모드로 의장이 정상회담 후 공동성명을 발표하였다. 모든 분야의 협력을 위한 양독간 조약을 체결하며, 조약체결을 위하여 즉각적인 정부간 협상을 개최할 것에 합의하였다.

또한 드레스덴 정상회담의 합의에는 다음과 같은 내용도 포함되었다. 경제공동위원회를 구성하여 경제 및 산업협력협정을 체결하며, 관광 전문위원회를 구성한다. 재산문제 전문가 위원회를 구성하며, 기타 환경 분야, 교통 및 항공 분야, 재난 지원협정 등을 체결한다. '89년 크리스마스 이전까지 브란덴부르크문을 완전 개방한다(주독대사관, 1994:20-21).

〈그림 14〉 통일을 위한 헌법문제와 연방수상실의 관할권

① 1989.11.9	② 1989.11.28.	③ 1989.12.29.	④ 1990.2.7. - 1990.8.31.	⑤ 1990.10.03.
Berlin장벽 붕괴	통일을 위한 헌법적 문제 연방부처 담당국장- 관할권 회의 (연방수상실)	동서독 정부부처 회담/ 콜(Kohl)- 모드로(Modrow) 정상회담 (드레스덴)	독일 통일과정의 마라톤 협상 (6개월) 국가조약(1990.05.18) 선거조약(1990.08.03) 통일조약(1990.08.31)	독일 국가통일

4) 통일방법과 연방수상부의 역할 : 기본법 제23조 또는 제146조

1989년 11월 9일 베를린 장벽 붕괴 후부터 1990년 초까지 동서독의 대다수 정치인은 단계적 통일을 주장했다. 서독의 사민당(SPD), 동독의 민권운동단체 그리고 동독의 내각평의회의장 모드로(Modrow)의 4단계 통일방안도 모두 단계적 통일방법을 주장한 것이다.

당시 독일에서는 통일의 속도와 방법 측면에서 두 가지 통일방식이 존재했다. 첫째, 기본법(Grundgesetz) 제23조에 따라 독일 다른 부분이 독일에 가입하는 경우 효력발생에 관한 것이다. 즉, 동독이 서독에 가입하는 방식이 그것이다. 이 방식에 따르면, 통일

과정이 간편하고 신속하게 진행될 수 있으나 동독 주민의 의사가 기본법에 반영되는 정도가 미흡하다는 단점이 있다. 둘째, 기본법(Grundgesetz) 제146조에 따른 단계적 통일방식이다. 이때 기본법에 명문화된 입장은 독일의 통일과 자유가 완성된 이후 전체 독일 국민에게 적용되는 기본법(Grundgesetz)은 독일국민의 자유로운 결정에 의해서 신규 헌법이 효력을 발생하는 날부터 그 효력이 상실됨을 선언하는 것이다. 즉, 기본법에 따른 새로운 통일헌법을 제정하는 방식이다. 이는 동독주민의 의사를 충분히 반영할 수 있는 반면에, 통일과정에서 국내외적으로 해결해야 할 문제가 복잡하게 전개될 수 있는 단점이 있다(김영탁, 1997: 159-160).

이렇게 동서독 통일 방법론은 기본법 제23조의 가입(Beitritt) 방식과 제146조의 공동 헌법(gemeinsame Verfassung) 제정방식으로 이분되었다. 1990년 통일과정의 시점에서 통일의 시급성 또는 신속성 등을 고려하며, 기본법 제23조의 선택이 최선으로 판단될 수 있지만, 점진적인 통일방식과 공동의 통일헌법제정을 통한 통일달성도 고려되었기 때문이다. 물론 당시 독일은 기본법 제23조에 근거하여 흡수(Beitritt) 통일의 방식으로 통일을 달성하였다.

1990년 당시 연방수상부 행정관료(C. J. Duisberg 국장)의 파악은 기본법 제23조에 따른 동독의 서독 가입(Beitritt)은 대중의 지지를 확보하고 있다고 보고되었다(통일부, 2011: 55).

2. 법·제도 형성의 역할

독일 통일과정에서는 1990년 3월부터 1990년 8월 31일 독일 통일조약(Einigungsvertrag)이 체결되기까지 6개월 동안의 긴 마라톤협상(Verhanldungsmarathon)이 진행되었다. 그 기간 동안 국가조약(Staatsvertrag), 선거조약(Wahlvertrag) 그리고 통일조약(Einigungsvertrag)이 체계화되었다.

〈그림 15〉 법·제도 형성을 위한 통일과정의 마라톤협상

① 1989.11.9	② 1989.11.28.	③ 1989.12.28.	④ 1990.3.1.~ 1990.8.31.	⑤ 1990.10.03.
Berlin장벽 붕괴	통일을 위한 헌법적 문제 연방부처 담당국장-관할권 회의 (연방수상실)	콜(Kohl)-모드로브 (Modrow) 정상회담 (드레스덴)	독일 통일과정의 마라톤협상 (6개월) 국가조약(1990.05.18) 선거조약(1990.08.03) 통일조약(1990.08.31)	독일 국가 통일

특히 주목할 점은, 통일조약(Einigungsvertrag) 체결을 위한 6개월의 마라톤 협상기간 동안 서독 연방법무부(BMJ)와 동독 법무부의 전문담당부서 국장 및 과장 그리고 차관을 통하여 많은 전문회담이 개최되었으며, 1990년 4월부터 6월까지 통화연합, 경제연합 그리고 사회연합을 준비하기 위한 준비에 연방법무부의 고위 행정관료(부국장 토마스(Ministerialdirigent thomas, 부국장 가스(Ministerialdirigent

Gass, 과장 도이틀러(Ministerialrat Deutler)가 동독의 법무부와 심도 있는 업무지원을 실행했다는 것이다.(Wichmann·Thomas·박진완, 2010: 564-565)

1) 선거조약('90.8.03)과 국가조약('90.5.18)

통일과정에서 법적 제도적 형성을 위한 첫 시도는 1990년 3월 18일에 실시된 동독 최초의 자유총선거이다. 투표율이 93%이었으며, 기민당(CDU)/기사당(CSU) 독일연합이 48.1%를 획득하였다. 사민당(SPD)은 21.8%를 획득하였으며, 독일공산당, 독일인민당, 기독교연맹 등은 의회 진출에 실패하였다. 이러한 선거 결과는 정당 통합과 선거조약(Wahlvertrag)으로 이어졌다. 1990년 8월 3일 체결된 선거조약은 제12대 연방의회선거 실시를 위한 경과 규정, 다른 부칙, 선거구 분할의 보완문제를 다루었다.

선거조약에 앞서 1990년 5월 18일에 국가조약(Staatsvertrag)이 체결되었다. 즉, 「동서독간 화폐, 경제, 사회동맹 형성을 위한 국가조약」[6](Staatsvertrag)이다. 이 조약을 통하여 통일이 달성되기 이전에 이미 독일 전역에 균일한 생활조건의 실현을 위한 결정적인 조치가 단행된 것이다. 화폐통합을 통한 서독 마르크(D-Mark)의 도입

---

6   독일어 정식명칭은 다음과 같다: Vertrag über die Schaffung einer Whärung-, Wirtschafts- und Sozialunion zwischen der Bundesrepublik Deutschland und der Deutschen Demokratischen Republik Staatsvertrag vom 18 Mai 1990

은 동서독의 연대의식을 선언하는 것이었다(통일원, 1994: 10-11).

2) 통일조약('90.8.31)

독일의 실질적 통일은 통일조약(Einigungsvertrag)을 통한 법적 통합으로 귀결되었다. 즉, 독일에서 국법적(國法的) 통일의 달성이 독일 국가통일의 전제조건임을 의미하는 것이다. 이것은 통일헌법의 발효를 전제로 함을 의미한다. 결국 통일조약은 자유민주적이고 법치국가적인 서독의 기본법(Grundgestz)을 상정하고 있는 것이며, 독일 국가통일의 목표를 달성하기 위한 헌법상 전제인 것이다(김승조, 2004: 247).

〈그림 16〉 통일조약상의 기본내용

통일조약(Einigungsvertrag)
• 동독의 5개주는 기본법 제23조에 따라서 독일연방공화국(서독)의 주로 편입된다(1990.10.3.).
• 통일독일의 수도는 베를린으로 한다.
• 서독의 기본법은 동독 지역에서 통일이 되는 날부터 발효된다.
• 동독에서 과거 비밀경찰에 의해 생산된 문서는 보존하고 사용목적을 규정한다.
• 행정부와 의회의 소재지는 통일 이후에 결정된다.
• 전 독일의회는 동서독의 양측의 방대한 법률을 상호 조화시키기 위해 새로운 법률폐지법을 제정할 것이 요구된다.
• 동서독은 새로운 법률이 발효될 때까지 기존 법률을 존손시킨다.
• 동독에서의 탈출 또는 기타 이유로 재산이 국가관리로 이관된 주민은 자기 소유권에 대한 처분권을 되찾을 수 있다.
• 동서독은 유럽내 모든 국가에 대한 영토보전, 주권 및 국경의 불가침성을 인정한다.
• 유럽공동체와 체결된 조약 및 합의사항은 통일 이후 즉시 구 동독지역에서도 발효된다.

출처 : 김영윤·양현모(2009), p.149

통일조약은 전문을 포함하며 총 9장 전체 45개조로 구성된다. 제1장은 가입의 효력, 제2장은 기본법을 다루고 있다. 제3장은 법령의 조정, 제4장은 국제법상 조약 및 합의사항을 규정하고 있다. 제5장에서는 공공행정과 법률 집행 등을 언급하고 있다.

통일조약은 서독 내무장관인 쇼이블레(Wolfgang Schäuble)와 연방 수상부의 자이터스(Rudof Seiters)에 의해 주도된 4차례의 회담 후 가서명되었다. 통일조약의 체결로 독일통일에 관한 법적인 근거가 확립되었다. 통일조약은 '90년 9월 20일 서독의 연방의회, 동독의 인민회의 그리고 최종적으로 서독의 연방상원에서 심의를 거친 후 통과되었다.(통일원, 1994: 12)

3. 행정질서 형성의 역할

1) 동독 재건을 위한 분권적 연방정부체제 구축

통일과정에서 발생하는 정책 문제를 처리하기 위한 서독 정부의 입장은 세 가지로 요약할 수 있다.

첫째, 통일문제에 대한 통합적 전담부처의 설치이다. 둘째, 기존의 연방내독관계부(BMB)[7]에 대한 통합부처로의 전환이다. 셋째, 개

---

7   통일이전인 지난 1949년 서독정부의 수립과 동시에 「전독부(全獨部)」(Bundesministerium für

별 연방부처로의 분권적 업무관할권체제 구축이다.

당시 동독정부는 동독지역의 재건과 동화문제를 총괄할 수 있는 「연방재건부」와 같은 특별부처를 연방에 설치할 것을 요구하였다. 그러나 서독정부는 각 부처 업무간 중복성 문제와 통일과정에서 발생하는 문제의 과도기적 성격을 고려하여 통일과정에서 발생하는 동독지역의 재건업무를 효율적으로 추진하기 위해 연방 개별부처 내에 전담기구를 신설하거나 기존 조직을 활용하기로 결정하였다. 즉, 동독 재건을 위한 통합기구설치보다는 분권적 업무관할체제를 구축한 것이다. 이에 통일 전 동서독 관계를 총괄했던 연방내독관계부(BMB)도 폐지되어 상당 부분 연방내무부(BMI)로 편입되었다.

2) 행정체제의 통합

통일 이전의 동서독 행정체제 및 행정작용의 방식은 매우 상이하였다. 서독에는 공법상 행정주체(연방정부, 주정부, 지방자치단체 및 각종 공법인)를 통한 공공행정이 제도적으로 착근되어 있었다. 반면에 동독의 경우 서독 형태의 공공행정은 존재하지 않고 국가명령을

Gesamtdeutsche Frage)이라는 이름으로 전담부서가 설치되었다. 동조직은 지난 1969년 10월 동방정책의 영향으로 「내독관계부」(Bundesministerium fuer innerdeutsche Beziehungen)으로 부처명칭이 수정·변경되었다. 통일이후인 지난 1991년 1월 18일에 해체되었다(김영윤·양현모, 2009: 60).

수행하는 활동으로서의 행정만 존재하였다. 또한 행정행위 방식도 매우 큰 차이가 있었다. 서독이 법률에 따라 정책을 결정하고 시행하는 법치국가행정(Rechtsstaatlichkeit)에 근거한 반면에, 동독은 상부의 계획과 명령에 따라 이행되며 법적인 판단기준은 별로 고려되지 않았다.

통일국가의 새로운 질서형성을 위한 행정체제의 통합은 연방 행정기관의 통합, 주(州)정부 행정기관의 통합, 정부관료제(공직제도)의 통합·개편, 구 동독지역(신연방주) 행정체제 재구축 등으로 추진되었다.

첫째, 연방 행정기관의 통합이다. 연방정부의 각 부처는 통일과정에서 동독 중앙정부 행정기관의 업무를 효과적으로 조정하고 인수하기 위하여 신연방주 전담부서를 신설하였다. 통일과정에서 동독정부는 동독지역의 재건을 위하여 연방재건부와 같은 연방부처의 신설을 요구했지만, 서독 연방정부는 재건업무의 효율적 추진을 위해 각 부처에 전담기구를 설치하는 것으로 결정했으며, 구 동독지역의 베를린에 연방출장소(Außenstelle)를 설치하여 각 부처의 행정사무를 처리했다.

둘째, 주(州)정부 행정기관의 통합이다. 동독지역의 15개 지구(Bezirk), 215개 군(Kreis), 7,500여개의 게마인데(Gemeinde)가 서독의 행정체계로 편입되었으며, 통일조약 제13조에 따라 기존의 동독 행정기관의 행정업무는 폐지 또는 서독의 각 행정단위에 귀속되었다.

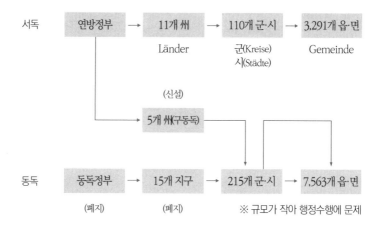

출처: 통일대비특별정책연수단(1992), p.82 일부수정

셋째, 행정관료제(공직제도)의 통합·개편이다. 통일 이전 서독지역의 공직규모는 인구 약 6,200만 명에 약 490만 명이었으며, 동독은 인구 1,600만 명에 약 230만 명이 공공부문에서 근무하고 있었다.

통합되는 동독지역(신연방주)에는 새로운 주(州)공무원법이 제정되기 이전인 과도기간(1992년 12월 31일)까지 서독의 규정 및 통일조약(Einigungsvertrag)에서 합의된 경과규정이 적용되었다. 통일조약 제

20조(공무원의 법적 지위)와 서독 기본법 제30조에 따른 공무원 규정이 준용된 것이었다.

통일조약에서는 행정의 지속성과 기존 공직자의 이해관계를 고려하여, 동독 공직자의 고용관계가 당분간 유효하도록 명문화되었다. 통일조약에 따라 동독의 행정기관이 존속되거나 다른 기관으로 귀속될 경우, 그 소속 공직자도 함께 존속되거나 이양되었다. 통일과정에서 행정기관의 존속 또는 귀속문제가 검토 중인 경우에는 그 소속 공직자는 우선 서독 연방정부 또는 이에 적합한 행정기관으로 배치되었다. 그러나 통일시점까지 연방정부 또는 주(州)정부가 인수하지 않기로 최종 결정한 동독 공직자의 고용관계는 일단 종료되었다(김영탁, 1997: 209). 동독지역(신연방주) 공무원법 제정 및 과도기적 유효법률 적용문제에 대한 관할권은 연방내무부(BMI)에 귀속되었다.

1991년 6월 30일 현재 독일에는 674만명의 공직자가 근무하고 있으며, 그 중 서독지역에 약 496만명, 동독지역에 약 178만영이 근무하고 있었다. 이후 1993년까지 동독지역의 공직자가 약 75만 명이 감축되었다.

<표 3> 1991년 이후 공공부문 인력규모 변천

년도	1991	1995	2000	2005	2010	변화	
						차이	백분율
연방(Bund)	652,000	546,300	502,100	481,400	457,300	-194,700	-29.9%
공무원/법관	115,300	134,100	132,600	130,600	129,600	14,300	+12.4%
공무피용자	279,400	217,900	182,900	165,700	142,000	-137,400	-49.2%
군인	257,300	194,300	186,600	185,100	185,700	-71,600	-27.8%
전일제근무	628,800	521,600	465,600	427,500	405,200	-223,600	-35.6%
시간제 근무	23,200	24,700	36,400	53,800	52,000	28,800	+124.1%
주(Länder)	2,572,000	2,453,400	2,273,300	2,076,900	1,940,700	-631,300	-24.5%
공무원/법관	1,072,400	122,100	1,252,500	1,261,800	1,253,500	181,100	+16.9%
공무피용자	1,499,500	1,226,400	1,020,800	815,000	687,200	-812,300	-54.2%
게마인데 / 공공조합	2,051,400	1,801,500	1,572,000	1,337,800	129,800	-752,700	-36.7%
공무원	170,500	178,900	178,600	183,200	184,600	14,100	+8.3%
공무피용자	1,881,000	1,622,600	1,393,300	1,154,500	1,114,000	-767,000	-40.8%
간접 행정기관	325,100	449,900	488,000	652,400	844,700	519,600	+159.8%
공무원	31,800	47,300	52,300	67,900	76,700	44,900	+141.2%
공무피용자	293,400	402,600	435,700	584,500	768,000	474,600	+161.8%
총계	5,600,400	5,251,200	4,835,300	4,548,400	4,586,100	-1,014,300	-18.1%
공무원/법관	1,390,100	1,587,400	1,615,900	1,643,600	1,687,100	297,000	+21.4%
공무피용자	3,953,100	3,469,500	3,032,700	2,719,700	2,713,400	-1,239,700	-31.4%
군인	257,300	194,300	186,600	185,100	185,700	-71,600	-27.8%

출처: Bundesministerium des Innern(2011), Der Öffentlichen Dienst des Bundes: Daten zur Personal Struktur, p.10

〈그림 18〉 연방·주 조직정비처(Bund/Länder-Clearingstelle) 구조

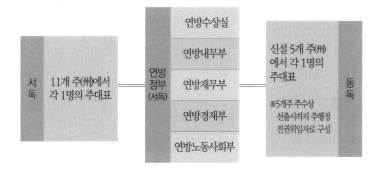

마지막으로 구 동독지역(신연방주) 행정체제 구축이다. 통일과 함께 동독지역에 5개의 새로운 연방주(州)가 설치되었으며, 지방자치단체에도 서독의 제도가 도입되었다. 연방내무부(BMI)는 서독 주정부 및 지방자치단체와 함께 인적 및 재정지원을 통하여 동독지역에 새로운 지방행정체제를 구축하였다.[8] 특히, 연방내무부는 1990년 8월 통일조약(제14조 및 제15조)에 따라 「연방·주 조직정비처(Bund/Länder-Clearingstelle)」를 설치하여, 약 1,000개에 이르는 동독 중앙행정조직을 서독의 기본법상 권한배분원칙에 따라 연방과 주의 조직으로 개편하였다.

8   통독이전인 1990년대 초부터 서독은 동독지역에게 다양한 방식으로 행정지원을 제공하고 교류를 확대하였다. 이미 동·서독간 교류협력기간 중에 체계화하였던 도시간 자매결연(Städte-partschaft) 통로를 통하여 초기에는 물자지원이 제공되었다. 그러나 1990년대 중반부터는 행정인력파견, 자문, 세미나 강사파견 등 인적자원의 지원이 증가하였고, 건축자재, 자동차, 사무용 집기 등도 지원되었다(통일대비특별정책연수단, 1900: 89)

「연방·주 조직정비처(Bund/Länder-Clearingstelle)」는 동독지역에 설치되는 신연방주의 행정체제 확립을 위한 인사 및 조직관리 계획의 수립, 1991년 12월 31일까지 이러한 인사 및 조직관리 계획의 제도적 착근을 위한 5개 신연방주에 대한 행정지원, 통일조약에 규정된 사항에 업무 지원 및 조정, 주행정체제 설치를 위한 자문단 구성 시에 연방정부와 주정부간 행정지원 업무조정 그리고 연방내무무(BMI) 산하에 조직정비위원회 실무팀을 즉각 구성하는 등의 임무를 수행하였다(Scheytt, Oliver, 1992: 82; 통일대비특별정책연수단, 1992: 91).

또한 연방내무부(BMI)는 1991년부터 1992년 말까지 신연방주 전담관을 단장으로 하여 베를린(Berlin)과 본(Bonn)에 「신연방주 재건단」을 설치·운영하였다. 주요 업무로는 일반행정문제, 부동산문제 등에 대한 자문, 인력알선 지원, 각 부처와 협의하여 동독부흥 공동대책에 따른 사업을 지원하였다(김영탁, 1997: 211-212).

3) 행정관료의 인적지원을 통한 역할

통일 직후 서독정부는 서독출신 공직자(공무원, 법관, 군인, 근로자 등)를 구 동독지역에 단기 또는 장기적으로 근무지원을 실시하였다. 1992년 6월까지 연방정부는 15,000여 명, 주정부는 8,000여 명, 지방자치단체는 3,000명의 인력을 연방정부의 예산으로 동독지역에 파견하였다.

〈표 4〉 서독의 동독지역 인력파견

파견시기	파견현황	인원
1992년 6월 현재	연방정부	15,000명
	주정부	8,000명
	지방자치단체	3,000명
	총계	26,000명
1995년 12월 현재	연방정부	16,500명
	주정부	8,500명
	지방자치단체	10,000명
	총계	36,000명

자료: 연방내무부(BMI), 1996:115(통일부(2013), 독일통일총서 2(행정분야), p. 94 재인용

특히, 연방정부는 통일 직후인 1991년부터 1993년까지 동독지역의 주(州)정부에 파견되는 연방공직자에 대한 비용도 전액 지원하였다. 이에 보조금(Zuschlage) 및 지원금에는 지역간 봉급 차이, 이사 비용, 별거 수당, 여비보조금 등을 포함하였을 뿐만 아니라, 승진에 있어서도 혜택을 부여하여 파견시점을 1991년 말까지로 하고 최소 기간으로 구 동독지역에 3년 이상 근무하게 되는 파견

공무원은 근무평정에서 유리한 가점을 부여하였다. 동독 브란덴부르크주(州)의 경우에 20~30%가 서독의 노르트라인-베스트팔렌주에서 파견되었으며, 고위급의 75~80%, 사무관급의 약 50%가 서독 출신 공무원으로 충원되었고, 실무급은 동독 공무원으로 충원되었다. 또한 서독의 퇴직공무원도 1992년 말까지 한시적으로 구 동독지역 행정체계 재건에 참여하였으며, 구 동독지역에 근무한 기간은 연금에 재산정되었다(통일대비특별정책연수단, 1992: 94-95).

이러한 서독의 대동독 인력지원은 서독관료의 행정경험을 기초로 동독지역의 신연방주 행정체제를 자유민주주의 행정체제로 전환시키는 데 많은 기여와 일종의 가교역할을 수행하였다. 그러나 선발된 서독의 행정관료는 특별한 교육과 사전준비 없이 파견됨으로써 업무추진 과정에 많은 시행착오와 함께 동서독 관료간 심각한 갈등이 유발되기도 하였다(통일부, 2013: 94-95).

4) 연방관료 및 조직의 역할

독일 행정관료 및 연방부처는 기본법 제65조의 정부원칙에 따라 독일 통일과정에 개입했다. 연방수상부를 통하여 통일문제에 대한 기본방침을 수립하고 연방수상은 그에 대한 책임을 맡았다. 또한 각 연방부처는 행정관청으로서 연방장관이 소관 사무를 자주적으로 자기책임으로 수행하였다.

〈표 5〉통일과정상 연방 부처별 담당업무

부 처 별	통일 관련 담당업무
수상실 (BK)	• 동독지역 신설문제 관련 내각소위원회 구성 • 각 주정부 지사실과 연방수상실간의 업무협조요청
연방외무부 (AA)	• 제3국과 동독간 체결한 외교 영사관계, 협약처리 • 독일에서 소련군의 철수문제관련 제반 실무협상
연방내무부 (BMI)	• 양독지역 문화 체육분야 통합문제 지원 • 동독의 지역주민에 대한 민주시민교육 • 동독지역 신설 5개 주의 행정체계 설립 지원
연방법무부 (BMJ)	• 신설 동독 지역 주들의 사업체계 설립지원 • 구 동독 공산당에 의한 피해자 복권 및 보상 • 반법치국가적 가해자에 대한 처벌 및 법률체계 동화
연방재무부 (BMF)	• 구동독에서 국유기업 사유화와 재편지도(신탁청활동 감독) • 구동독지역에서 몰수재산권의 반환 및 보상
연방경제부 (BMWI)	• 구동독지역의 경제재건 및 경기부양책 실시 • 신설 5개주에 대한 외국투자 유치 및 기업시설 장려
연방농림수산부 (BML)	• 농업생산협동조합의 구조개편, 자영업 육성 • 농업생산수산의 사유화 조치
연방노동사회부 (BMA)	• 구동독지역에 대한 실업대책 • 구동독지역에 있어서 각종 사회보장제도의 확대 실시
연방보건부 (BMJ)	• 구동독지역 의료체계 전환 • 의료보험체계의 동독지역 확대 실시
연방교통부 (BMV)	• 구동독지역 교통분야 사회간접자본 시설 확충
연방환경부 (BMU)	• 동 서독간 환경체계 통합 • 동독지역에 있어서 특수오염지대 특별대책
연방국방부 (BMVT)	• 동독인민군에 대한 독일연방군으로의 통합
연방여성청소년부 (BMFJ)	• 구동독 청소년의 순화 • 동 서독간 낙태제도 통합
연방가족노인부 (BMFS)	• 동독지역 연금생활자 복지체계 확립
연방우편통신부 (BMPT)	• 동독지역 우편 통신분야 사회간접자본 시설확충

연방건설부 (BMBAU)	• 동독지역 주민 현대화 및 주택경기 활성화 추진
연방교육학술부 (BMW)	• 동독지역에 설치된 신연방주(5개주)의 교육 개혁 • 공산체제 관련학과 및 연구기관의 철폐 및 종사자 해고
연방과학기술부 (BMFT)	• 동독지역에서 핵발전소 기술안전 그리고 방사선 보호
연방경제협력부 (BMZ)	• 구동독의 제3세계 지원사업 인수
연방공보처 (BPA)	• 통합 후 방송 언론 재편

자료: 통일원(1991), 『통일독일 관련 자료집(1)』, pp. 53-57; 통일대비특별정책연수단(1992), pp.98-100에서 재구성

따라서 연방정부의 국정기본원칙으로서 '부처관할의 원칙' (Ressortprinzip)에 기초하여 통일과정에서 동독지역의 재건과 통합 문제를 총괄하는 통합부처를 설치하기보다는 연방부처를 통한 연방관료의 분권적 역할 수행을 통한 통일과업이 추진되었다.

4. 민주시민교육의 제도적 지원의 역할

1) 통일과 민주시민교육

민주시민교육[9]의 목표는 "정치의 성숙성", "성숙된 시민" 그리고

---

9   독일에서는 민주시민교육이란 용어대신 '정치교육'(Politische Bildung)으로 표기하고 있다. 실제로 '민주시민교육'이란 용어는 영미식 표현이기는 하나, 독일정부도 '정치교육'의 영문표기로 'Civic Education'을 사용하고 있다. 양자간에는 미세한 차이는 존재하지만, 기본목적은 유사하다고 판단된다. 따라서 이하에서는 '정치교육'이란 용어대신에 '민주시민교육'이란 용어로 통일하여 표기한다(정창화, 2004: 395).

"성숙된 인간"을 지향한다. 특히, 민주시민교육의 인간학적 및 철학적인 지도이념은 "성숙된 인간"이다. 여기서 "성숙된 인간"이란 자기책임을 다하며 일정한 근거 하에 행동하는 인간을 전제하고 있다(허영식, 1987: 116).

독일의 민주시민교육은 또한 연방의 통치구조, 민주적·사회적 법치국가 그리고 인간의 존엄성, 인권 등 기본법에서 규정된 기본원칙을 존중한다. 독일 기본법 범위 내에서 민주시민교육 실시에 대한 의미는 기본법에 의해서 정치교육(politische Bildung)의 영역이 제한을 받는다는 것이다. 독일의 헌법인 기본법은 정치행동에 대한 적정성을 부여하며, 정치적 결정의 자유를 보장하고 있다. 이에 민주시민교육의 근본과제는 법규범의 변화가능성 및 타당성을 시민에게 인식시키는 것이다. 다른 한편으로 기본법상 명문화된 정치적 질서를 침해하지 않는 범위 내에서 법규를 변경시킬 수 있는 시민의 기본능력을 배양하고 제고시키는 데 있다. 이것은 시민이 이미 획득한 권리 및 제도를 지키기 위한 것이다(황병덕, 1997: 273).

2) 통일 전후 독일의 민주시민교육

제2차 세계대전 종전 이후 독일의 민주시민교육은 6단계로 분화된다. 제1단계는 의식화교육단계(1945-1949)이며, 제2단계는 철학적 및 교육적인 기초 확립의 단계(1949-1964)이다. 제3단계는 사회과학적인 정향성 확립의 단계(1960-1970)이며, 제4단계는 교수법에 대한 체계화 단계(1970-1975)이다. 제5단계는 교과과정론의 수용단계(1975-1985)이며, 마지막 제6단계는 생활세계(Lebenswelt)로의 전환단계(1985년 이후)이다(황병덕, 1997: 262-272).

〈그림 19〉 1945년 이후 민주시민교육

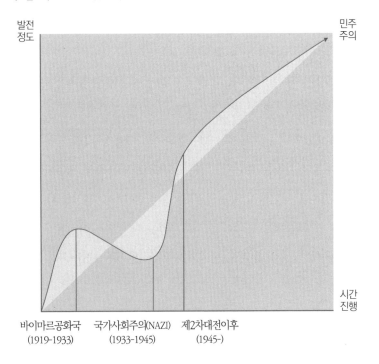

출처: 정창화(2004), p. 401.

통일 이후 민주시민교육은 자유민주주의체제에 동독주민이 적응할 수 있도록 하는 교육에 초점을 맞추었다. 특히, 인간의 존엄성 및 자유 그리고 개인의 자아실현과 민주주의를 존중하는 민주시민교육으로 전환하였으며, 민족의 정체성 확립 및 동질성 회복 등에 중점을 두고 있다.(김미경, 2011)

3) 민주시민교육에 대한 연방정부의 지원 역할

오늘날의 연방민주시민교육원(BPB)은 1952년 11월 25일에 설립된 연방향토봉사단(Bundeszentrale für Heimatdienst)이 지난 1963년 연방민주시민교육원(BPB, Bundeszentrale für politische Bildung)으로 전환·개편된 것이다. 현재 독일 내 민주시민교육의 핵심적인 역할을 수행하고 있으며 정치적 중립기관을 지향한다. 이 기관은 연방내무부(BMI) 하부기관(eine nachgeordnete Behörde)으로서 법적지위를 향유하고 있다.

연방민주시민교육원은 2001년 1월에 「연방민주시민교육원법」(Erlass über Bundeszentrale für politische Bildung vom 24. Januar 2001)의 개정을 통하여 법적지위가 구체화되었다. 당시 교육원의 조직은 재편되었으며, "1부 1전문국 4분과"로 조직은 다소 축소되었다.

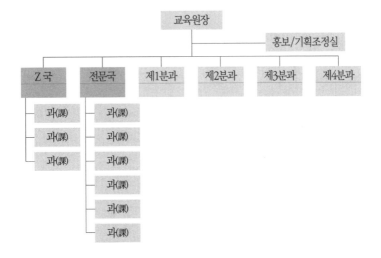

"Z국(Abteilung Z)"은 기존의 총무행정을 담당하여, 인사·조직, 예산 그리고 교육원 내부근무관계 등의 과제를 수행하고 있다. 전문국(Fachabteilung)은 학술대회개최, 특수 프로그램업무, 법률관계업무, 민주시민교육 관련단체 지원, 멀티미디어/IT업무 등의 업무를 수행하고 있다. 4개 분과는 각각 미디어/커뮤니케이션센터 사업, 세계화사업, 유럽연합관련사업 그리고 극단주의자관리사업 등을 담당하고 있다. 연방민주시민교육원(BPB) 조직은 합의제기구로 설계되었다. 따라서 일상의 주요업무는 합의제의 원리에 따라 결정되지만, 기관장인 원장의 권한도 강하다. 특히, 연방민주시민교육원법 제5조에 따라 연방민주시민교육원은 학술자문

단(Wissenschaftlicher Rat)을 구성하여 자문을 받을 수 있으며, 감사국(Kuratorium)을 통하여 정치중립성 심사를 받는다. 또한 주정부의 업무와 관련되는 사항의 경우, 연방민주시민교육원은 해당 주정부의 최고관청과 협의한다. 따라서 독일의 연방 16개 주(州)에 설치되어 있는 "주정치교육원"은 연방민주시민교육원의 협력기관이며, 업무수행에서 매우 밀접하게 협업을 실시하고 있다(심익섭, 1998).

IV. 한반도 통일과정에서 행정관료의 역할

한반도 통일과정에서는 1945년 이래 70년 분단의 고통 속에서 극대화된 남북한 간의 이질성은 제도통합과 사회통합의 가장 큰 장애로 대두될 것이다. 따라서 독일 통일과정에서 동서독의 제도통합과 동질성 회복을 위한 내적통합의 경험은 한반도 통일과정에서 유익한 사례로 적용될 수 있다.

독일 통일과정에서는 특히 행정관료가 "정밀기계장치"와 같은 역할을 수행함으로써 오차 없이 동서독 내적통합의 과업을 달성할 수 있었다. 한반도 통일과정에서 "정밀기계장치"로서 행정관료의 역할은 ①제도통합을 위한 질서형성의 역할, ②민주시민교육의 지원 역할로 크게 이분할 수 있다.

1. 제도통합을 위한 질서형성의 역할

통일국가의 제도통합을 위한 질서형성의 역할로서 '덩어리조직'으로서 행정관료의 역할은 다음의 세 가지 측면에서 접근할 수 있다.

첫째, 남북한의 헌정통합을 위한 지원 역할이다. 이것은 국제법
상 독립된 법적지위에 있는 남북한의 가장 높은 수준의 국가통합
문제이다.

독일 통일과정에서 기본법 제23조의 흡수통합방식(Beitrittslösung)
과 기본법 제146조의 공동헌법(gemeinsame Verfassung) 제정방식의
충돌은 실제 국가통일과정에서 큰 장애요인이 되었다. 1990년 5
월 체결된 국가조약(Staatsvertrag)이 동독의 사회경제화폐를 통합하
기 위한 헌법적 성격의 조약이었다. 반면에 1990년 8월에 체결된
통일조약(Einigungsvertrag)은 서독에게 기본법을 개정할 책무를 부
과하는 의무조약으로 평가될 수 있다.

이러한 독일의 사례를 볼 때 한반도에서 국법적 통일의 갈등을
제거하기 위해서는 한국 대통령비서실과 주무부처인 법무부의 사
전적 검토와 준비의 역할이 필요하다.

둘째, 대통령비서실의 법적·제도적 역량강화의 역할이다. 예
를 들면, 한국의 대통령비서실과 독일 연방수상부에 관한 법률
규정 비교의 측면이다. 우리의 경우 대통령비서실은 정부조직
법 제14조에서 짧게 규정되어 있고, 독일의 경우 연방정부직무법
(Geschäftordnung der Bundesregierung)에서 연방수상실장과 연방수상

실에 관하여 규정하고 있다. 특히, 연방수상실과 관련해서는 연방수상이 헌법상 규정된 직무를 수행하는 데 지원하는 보좌기구와, 연방수상이 국정운영의 기본지침을 설정하는 데 도움을 주는 연방정부의 한 기구임을 명문화하고 있다.(정창화, 2003: 112)

또한, 독일 연방수상부(Bundeskanzleramt)는 연방정부 내의 중재자(Mediator)로서 역할을 수행하는 것이며, 연방 내각 위에 군림하는 상급관청이 아니다. 연방수상부가 연방정부와의 관계에서 이러한 중개자 역할을 수행할 수 있는 것은 행정관료의 역할이 매우 크다. 이는 연방수상부의 행정관료인 '부처담당관'(Spiegelreferent)과 '총괄관'(Querschnittreferent)의 역할과 기능에서 비롯하는 것이다. 이들이 연방부처에서 상정되는 각종 정책관련 모든 자료를 수집하여 연방수상에게 전달하고, 연방정부부처, 의회 그리고 연방수상실간의 촉매제 역할을 중립적으로 하고 있기 때문이다(Knoll/König, 2001 : 306). 이러한 상황을 전제조건으로 한다면, 우리의 대통령비서실 시스템을 행정관료가 기능할 수 있도록 하는 방향으로 재구축할 필요가 있다(정창화, 2003: 115-116).

이렇게 대통령 비서실 내에서 행정관료가 전문성을 지니고 그 역할을 수행하기 위해서는 비서실 체제의 기능을 재편할 필요가 있다.

〈그림 21〉 독일 태스크포스팀의 조직 및 기능구조

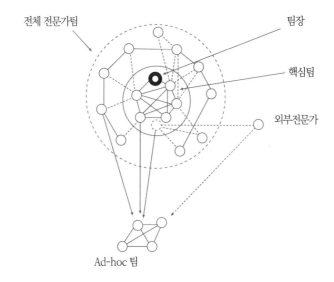

출처: BMI(1998), p. 90; 정창화(2003), p.117에서 재인용

대통령비서실 체제가 기능적 그리고 정책기획적으로 바뀌고 중앙부처와 업무중복이 발생하지 않으면서 내각이 살아 움직이게 하려면, 비서실 밑의 태스크포스(TF)팀을 작고 효율적으로 운영시켜야 한다. 독일의 경험은 연방수상부의 전문화된 행정관료의 조직화가 통일과정에서 절대적으로 그 역할을 수행했던 것이다.

셋째, 남북한 부처별 행정의 수비범위 사전설계의 역할이다. 독일 연방정부는 1990년 10월 3일 법적인 국가통일을 달성하고, 주요 대내외적 조치를 단행하였다.

〈표 6〉 남북한 통일과정에서 부처별 행정의 수비범위안

	분야	정책조치	주요 역할	주무부처
국내	정치·행정	통일의회 개원	통일조약체결 익일 개원	국회
		북한지역 총선 및 지방선거 실시	국가통일이전 총선 및 지방선거 실시 문제	중앙선관위
		행정조직(광역/기초) 개편	북한 지역 행정조직 개편 문제	행자부
		공직제도 개편	조약에 따른 개편 문제	인사혁신처
	사법	북한 법무부 해체	법무무 해체와 재설계	법무부/대법원
		최고법원 및 대검찰성 해체	기타 법원의 잠정 유지 문제	
		판사 및 검사의 재임용 심사	재임용 심사기간 신분 유지 문제	
		정치적 범죄행위 조사	조사 규모 및 방법	
		구체제하의 정치적 피해자에 대한 법적 구제	정치적 법적구제에 대한 신규법률제정 작업	
	군사	남북한 군사통합	북한군의 해체 또는 통합문제	국방부
		국경차단시설의 제거 및 지뢰탐지 작업	군사분계선의 차단시설 및 지뢰탐지작업(독일의 경우, 6,000명의 지뢰분해단 투입)	
	경제·사회 간접자본 시설	북한 공기업 민영화 추진	신탁청(독일)이 민영화추진	기재부 산업통상자원부 농림축산식품부 국토교통부
		채무청산기금 운용	북한의 대내외 채무와 화폐통합으로 인한 차액보전부담액을 인수할 특별재산계정 설치·운용	
		유류세 인상	남북한 유류세 조정 문제	
		농업의 구조조정		
		사회간접자본시설의 확충	철도복구, 고속도로연결 등	

	분야	정책조치	주요 역할	주무부처
국내	사회보장, 주택, 보건	북한 보험제도 재설계	의료, 연금, 상해보험제도 등	보건복지부 고용노동부 국토교통부
		노동행정 및 노동촉진법 구축	고용노동청과 업무재설계	
		사회보장비 이전	북한주민 연금, 실업자 지원금 등	
		사회부조금, 주택정책 도입	사회부조 및 주택정책 재설계	
		북한지역의 주택현대화 지원	부택현대화 및 보수작업 문제	
		의료보건분야 긴급지원	의료 및 보건의 전분야	
	교육분야	교육분야 긴급조치 프로그램	북한에 교과서 제공 등	교육부 시도교육청
		교육관련 기관의 통합	남북한 교육관련 기관 통합문제	
		보통교육제도의 정비	법제도 정비 문제	
		교사자격 및 졸업증, 직업훈련 수료증 및 자격증의 인정	북한의 졸업증, 수료증, 자격증 인정을 위한 원칙 수립	
		대학개혁	구체제와 관련된 대학,학과, 연구기관 폐지 조정	
	문화·언론	문화유산의 보존	문화재/기념물 보존 문제	문화체육관광부 방송통신위원회
		문화기금의 운용	북한 예술인 지원 문화기금 설치	
		북한지역의 종교단체에 대한 특별지원	북한의 종교단체 지원	
		북한 방송체제의 해체 및 병합	북한방송기관 해체 및 신규설치	
		신문, 잡지 분야의 민영화	북한 신문/잡지 분야 매각	

출처: 주독대사관(1994), p.1-11. 참조하여 작성

독일의 경우, 특히 연방내무부(BMI)와 연방법무부(BMJ)는 통일 직후에 조직개편을 단행하여 독일 연방 내의 주정부와 지방자치단체에 대한 자문역할 및 행정지원을 강력하게 수행하였다. 이것은 신연방주 5개로 전환된 구 동독지역의 재건문제에 대한 지원 때문이었다. 연방법무부(BMJ)의 경우에는 통일 1년 전부터 사법법률체계통합준비를 위해 공법담당과에서 내독관계담당을 위한 태스크포스팀(Arbeitsgruppe)을 운영하였다. 통일 직후에는 구체제 정산관련 기구를 확대하였으며, 국(Abteilung)을 설치하고 하부조직으로 8개의 신설과(Referat)를 설치하여 구 동독체제하에서 통일 이전에 발생된 피해자의 복권 및 보상문제를 처리하였다.

따라서 우리의 경우, 행정의 수비범위(span of control)를 설정하여 통일과정에 대한 준비 역할이 필요하다. 특히, 행정의 수비범위 설정은 동서독 통일과정에서 야기된 중요 정책분야로서 ①노동 및 실업문제 그리고 중증장애인 문제 등을 포함한 사회정책문제, ② 의료, 연금, 실업 및 재해보험을 포함하는 사회보험에 관한 문제, ③경제민주화의 핵심인 "노사공동결정(Mitbestimmung) 제도의 도입 및 착근 문제, ④여성 및 가족 그리고 사회부조(Sozialhilfe) 등이다. 이러한 여러 문제들은 통일을 대비의 질서형성을 위한 행정관료의 제도적 책무로서 선언될 수 있을 것이다.

2. 민주시민교육의 제도화 및 지원 역할

지난 2004년 9월에 개최된 제1차 한·독 국제학술회의에서 독일 민주시민교육의 전문가인 볼프강 잔더(Wolfgang Sander) 교수(기센 대학교)는 「한국과 독일의 민주시민교육」이라는 주제로 "독일 민주화의 원동력은 민주시민교육이며, 이와 같은 민주시민교육이란 움직임이 통일을 달성하는 힘으로 작용했다."고 주장하였다(경향신문, 2004.9.30). 이러한 독일학자의 언급은 우리의 미래적 통일과제에 대해서도 시사하는 바가 매우 크다. 왜냐하면, 우리도 독일과 마찬가지로 민주적 정치문화와 민주적 사회를 지향하고 있다는 공통점이 존재하고 있으며, 또한 자유민주적 기본질서의 틀 내에서 한반도의 평화적 통일을 달성해야 할 책무를 지니고 있기 때문이다(허영식, 2011: 49).

우리의 경우, 지난 1990년 중반 이후 학계 중심으로 「민주시민교육협의안」이 작성되었고, 지난 1997년 10월에는 52명의 여·야 의원의 발의로 「민주교육지원법안」 입법화가 시도되었다. 그러나 제15대 국회 회기만료로 자동폐기 되었다. 그 이후에도 시민·사회단체 및 학계 등이 공동학술세미나와 교육포럼 등을 개최하고 단일 법안 수립을 시도하였으나, 합의점에 도달하지 못했다(정창화, 2005: 69).

2000년 이후에도 시민단체, 학계, 정치권 그리고 정부기관(중앙선거관리위원회) 등에서 민주시민교육의 필요성과 시급성을 이유로 민주시민교육의 제도화, 교육추진의 지원체계 주체선정 교육방법 그리고 교수법 등을 포함한 논의가 계속되어 왔지만, 제도화는 실패하였다(서준원, 2000: 142, 정창화, 2005: 63).

미래 한국사회의 통일과 민주화의 원동력으로서 민주시민교육이 제도화되기 위해서는 다음과 같은 세 가지 선결과제가 전제될 수 있다.

첫째, 민주시민교육 제도화(institutionalization)를 위한 기본원칙 및 방향이 선행되어야 한다. ①정치적 중립성의 원칙이 우선적으로 선행되어야 한다. 그동안 역대정권의 정치적 비중립성 때문에 한국적 토양에서 민주시민교육이 실질적인 뿌리를 내릴 수 없었다. 정치교육 또는 민주시민교육은 정권의 정당성 확립을 위한 도구로써 사용될 수 없기 때문에, 초당적·비정파적 입장에서 실시되어야 한다. ②민주성의 원칙이다. 민주시민교육의 목적은 자유민주주의의 원칙에 근거하여 개별 국민의 자유로운 자아실현을 보장하고 민주시민을 육성하는 것이다. 즉, 민주적 교육방식과 민주주의 이념을 통하여 권위주의를 퇴각시켜야 한다는 논리에 기초하고 있다. 따라서 국가 공권력에 대한 무조건적인 복종의 태도가 아니라, 소통과 설득을 통한 정치적 행위능력을 강화시키는 것이다. 특별히 민주시민교육은 민주적인 생활방식을 청소년이 포함된 시민들이 자기체현할 수 있도록 하며, 사회현실을 올바르게 인식하고 정치능력을 함양할 수 있도록 하는 것을 목적으로 한다. ③참여성의 원칙이다. 민주시민교육은 사회참여교육으로 전환되어 나타난다. 실천교육으로서 민주시민교육은 사회인식의 토대 위에서 기존의 일반적인 인지교육과는 달리 적극적으로 참여를 유도해야 한다. 이를 통하여 사회제도 및 구조적인 문제점과 비인간적이고 비합리적인 문제들을 해소해야 한다. 즉, 정치적 조작에 저항할 수 있는 정치행위능력 및 비판능력을 배양하는 것이다(정창화, 2005: 66-67).

둘째, 범사회적 합의원칙의 도출이다. 독일의 경우, 지난 1976년 보이텔스바흐 합의(Beutelsbacher Konsens)를 통하여 적어도 정치교육에 있어서 각 정치적 정파가 합의에 도달한 일종의 사회적 대타협이 형성되었다. 민주시민교육 또는 정치교육에 있어서 ①강제성의 금지, ②논쟁성의 유지 ③정치적 행위능력의 강화 등을 목적으로 하였다. 이는 일종의 '공동체 공멸적인 극단상황을 피할 수 있는 해법을 제시한 것이다(Mickel, 1999: 171-178, 조상식, 2009: 217-220).

우리의 경우, 민주시민교육이 제도적으로 착근되기 위해서는 한국형 보이텔스바흐'가 자연스럽게 시민사회단체 연합, 정당/정치권 그리고 학계에서 형성되어야 할 것이다. 이러한 공동의 합의는 여러 시민단체간의 의견조율을 의미하며, 정치권의 무책임한 태도를 제동할 수 있는 원동력이 될 것이다. 여기에 정부의 행정관료가 중요한 역할을 수행해야 한다. 결국 민주시민교육 제도화 제2-3단계에서 민주시민교육에 대한 공동의 합의문 선언은 공동체의 공멸을 방지하고 사회적 방향성을 제시하는 것이다. 특히, 이러한 범사회적 합의는 단순히 선언적 의미에 머물러 있는 것이 아니다. 명시적인 제도화의 압력으로서 시민에게 하는 정치적 약속의 의미로 이해할 수 있는 것이다. 이를 통하여 민주시민교육법의 입법화와 교육원 등 교육기관도 설립될 것이다(그림 22 참조).

〈그림 22〉 민주시민교육 합의원칙 도출 및 제도적 착근

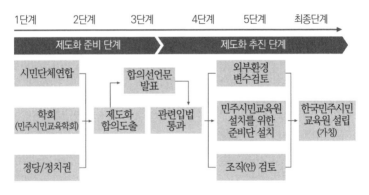

출처: 정창화(2005), p.73

결국 민주시민교육의 일반적이고 내재적인 여러 문제들을 해결하기 위해서는 제도화의 과제를 달성해야 할 것이다. 제도화 및 체계화는 안정 내지 균형(equilibrium)을 가져다 줄 수 있다. 체계(System)적 속성이 지닌 균형점에 도달하는 것이다. 특히, 민주시민교육의 운영체계가 구조와 프로세스 측면에서 각종 사회단체, 비정부기구를 포함하여 국가기구가 포괄적이고 다원적·다층적인 형태로 제도화된다면, 민주시민교육이 추구하는 목적 달성에 도달할 것이다. 이는 민주주의 정착에 기여함을 의미하는 것이다(정창화, 2005: 66). 이러한 기초 하에 민주시민교육을 통한 법치주의의 체현역할은 한반도 통일과정이 중요한 변수가 될 것이다. 독일의 경험은 연방정부의 재정적인 지원, 연방과 주의 민주시민교육의 독립적인 운영을 통하여 통일 전후 국가의 내적통합을 달성하였다. 우리의 경우에도 한반도 통일의 전제조건으로서 민주시민교육의 제도화를 위하여 행정관료의 역할이 절실히 요청된다.

V. 결론

1945년 분단 이후 서독의 대동독에 대한 통일 정책은 "1민족 1국가"라는 기본원칙을 유지하는 것이었다. 따라서 1972년 동서독의 기본조약(Grundvertrag)이 체결되고 국제연합(UN)에 가입했을 때도 서독은 대동독을 내부관계 또는 특수관계로 파악하였다. 반면에 동독의 경우에는 2개 독일을 표방하며, 동독의 체제유지에 외교정책의 중심을 두었다.

이러한 양독일의 상이한 입장은 1989년 베를린 장벽붕괴 이후 분단구조의 청산 및 국가질서통합의 과정에도 반영되어 긴 마라톤 협상이 계속되었다.

체계(System)의 통합은 구조(structure)와 프로세스(process)의 완결성을 통하여 균형점(equilibrium)을 형성하는 것이다. 국가의 골간인 국법의 통합과 내부의 과정적 통합의 이면에는 정밀기계장치와 같은 덩어리조직으로서 행정관료의 역할이 있었다.

서독 행정관료는 부처관할권 원칙이 착근된 서독정부의 입장에서 정책형성 및 정책조정의 역할을 수행하였다. 잘 훈련된 국장 및 과장급 행정관료가 통일 전후의 내적통합을 위한 정책을 주도하였다.

특히, 통일 이후 구 동독지역에 신연방주의 설치 및 재정건전성 회복 등을 포함한 행정체제 개편과정에서 주민간의 갈등해소 지역 문화 역사적 정체성 회복 그리고 사회통합을 위한 정책갈등 해소 노력 등에 대한 문제해결에 있어서 서독정부의 역할이 필수적이 었다.

독일 통일은 무력으로 실현된 것이 아니라, 동독의 민주혁명을 통하여 그 기반을 만든 것이다. 1789년 프랑스혁명 이후 약 200 년 만에 유럽에서 발생한 민중혁명이 독일통일의 단초가 되었던 것이다.

그리고 민주시민교육은 독일의 민주화를 성숙시켰고, 이와 같은 움직임이 통일을 유도한 중요한 매개체가 되었다. 민주시민교육 은 독일통일의 기초가 되었으며, 동독에 대한 서독 체제의 우월성 으로 나타났다. 경제적 우월성은 물론이고, 의회민주주의에 기초 한 자유, 인권, 행복 추구에 대한 제도적 보장으로 체현되었던 것 이다.

통일 이후 구 동독지역에 민주적 관료체제가 구축된 것은 일시 적인 정치통합을 통하여 달성된 것이 아니라, 민주시민교육에 근 거한 자유민주주의 체제의 우월성에 기초한 것이라고 할 수 있다.

이에 독일통일 과정의 경험은 남북통일에 대비하는 우리나라 행정관료에게 제도·질서 형성의 역할뿐만 아니라 민주시민교육의 제도화를 위한 지원 역할도 그 책무에 포함된다는 것을 알려준다고 하겠다.

참고문헌

김미경(2011). "독일 통일 이후 통일교육". 『독일 통일전후의 통일교육』. 2011년 한독 사회고학회통일교육위원 경기협의회 공동 학술대회 논문자료집, pp.57-87

김선옥(1999). 『공무원법 비교 연구』, 서울: 이화법학연구소.

깁성수(2000). "독일의 정치행정관계와 행정국가". 『정부학연구』. 제6권 제2호, pp. 66-102.

김승조(2004)."통일조약의 의의와 내용." 『남북법제연구보고서』.법제처, 2004.

김영윤·양현모(2009). 『독일, 통일에서 통합으로: 문답으로 알아보는 독일 통일』, 통일부

김영탁(1997). 『독일 통일과 동독재건과정』, 한울아카데미

김혁(2015). "거버넌스적 접근을 통한 관료통제에 대한 연구". 『한국정당학회보』. 제14권 제2호(통권 30호), pp. 257-282

남창현(2003). "독일의 공무원제도와 이공계 전공자", 『공학교육과 기술』. 제10권 제4호, pp.13-22.

박천오(2005). "정부관료제 연구의 두 가지 관점: 특성과 과제". 『행정논총』. 제43권 제1호, pp. 1-30.

미하엘 호프만(2009). "사회주의 엘리트는 어떻게 되었나? 구동독과 통일후 동독지역의 사회구조들". 『FES-Information-Series 2009-07』, pp. 1-12.

서준원 (2000), "민주시민교육지원법안 추진과정과 향후과제", 「한국민주시민교육학회보」제5호, pp.141-189.

심익섭 (1998), 독일정치교육 조직체계에 관한 연구 : '연방정치교육원'을 중심으로, 「한국민주시민교육학회보」 제3호, pp.281-305.

안지호(2011). "동서독 관료의 성향 연구". 『정부학연구』. 제17권 제2호, pp. 183-216.

오일환 (1995), "통일을 전후한 독일의 정치교육에 관한 연구", 「한국정치학회보」제29집 2호, pp.523-548.

이송호(1995). "비교정책연구에 있어서 전통적 방법론의 재검토". 『한국행정학보』. 제29권 제2호 (1995), pp. 339-360.

정창화(2003). "한국 대통령비서실과 독일 연방수상실의 조직 및 기능에 관한 비교분석", 『한국사회와 행정연구』. 제14권 제3호 pp. 99-121

정창화(2004). "독일의 민주시민교육", in: 김민정외, 『한국민주시민교육론』, 서울: 엠-애드, pp. 395-421

정창화(2005). "민주시민교육의 제도적 착근방안", 『한국민주시민교육학회보』. 제10호, pp. 59-83

조상식(2009). "민주시민교육의 교육 이론적지평", 『교육사상연구』. 제23호 제1호, pp. 209-228

주독대사관(1994), "통독후 100일간 독일정부의 대내외적 조치".

통일대비특별정책연수단(1992). 『독일통합실태연구』, 통일원

통일부(2011). 『독일의 통일·통합 정책 연구: 제2권 부처·지방정부 연구』.

통일부(2013). 『독일 통일총서 2(행정분야)』.

통일원(1994). 『독일 통일백서』.

황병덕 (1997), "독일 정치교육 연구", 『한국민주시민교육학회보』, pp.261-296.

허영식 (1997), "독일의 민주시민교육 운영체계", 『한국민주시민교육학회보』, pp.116-151

홍준형·김병기(1998). "통일통일과정에 있어 법행정의 통합에 관한 연구". 『행정논총』. 제36권 제2호, pp. 117-148.

허영(1994). 『독일 통일의 법적조명』, 박영사

허영식(2011). "독일의 민주시민교육 동향과 함의". 한국과학창의재단 편. 해외 민주시민교육의 동향과 우리나라에 주는 시사점. 국제세미나 자료집(2011.03.11). pp. 47-69.

Bogumil, J./Jann, W. (2009). "Verwaltung und Verwaltungswissenschaft in

Deutschland", VS Verlag für Sozialwissenschaften.

Busse, Volker (2001), Bundeskanzleramt und Bundesregierung - Aufgaben.O
rganisation.Arbeitsweise, Heidelberg : C.F.Müller.

König, Klaus und Knoll, Thomas (2001), Bundeskanzler, Regierungsfunktion,
Regierungszentrale, Graf von Westphalen, Raban(Hrsg.), Deutsches
Regierungssystem, München : Oldenbourg, pp. 289-311.

König, K/Siedentopf, H. (1997). "Öffentliche Verwaltung in Deutschland",
Baden-Baden.

König, K. (2003). "Governance im Mehrebenensystem", in Sommermann,
Karl-Peter(Hrsg.), Aktuelle Fragen zu Verfassung und Verwaltung im
Euroäischen Mehrebenensystem, Speyer.

Lecheler, Helmut(1997). "Die Gliederung des öffentlichen Dienstes," Klaus
König & Heinrich Siedentopf (eds.), *Öffentliche Verwaltung in Deutschland,*
2. Auflage (Baden-Baden: Nomos Verlagsgesellschaft.

Mickel, Wolfgang W. (1999). Handbuch zur politischen Bildung,
Schriftenreihe Band 358, Wochenschau Verlag für die Bundeszentrale für
politische Bildung, Bonn.

Pitschas, Rainer(1992). *Verwaltungsintegration in den neuen
Bundesländern.* Duncker & Humblot, Berlin.

Przeworski, Adam and Teune, Henry. *The Logic of Comparative Social Inquiry.*
Malabar: Robert E. Krieger Publishing Company, 1982.

Richard, C. (2003). "Staats- und Verwaltungsmodernisierung im aktivierenden
Staat", Potsdam.

Rudzio, Wolfgang (2006). Das politische System der Bundesrepublik
Deutschland, Wiesbaden: VS-Verlag für Sozialwissenschaften.

Sartorius I (2002). München: Verlag C.H. Beck.

Scheytt, Oliver(1992), "Rechts- und Verwaltungshilfe in den neunen Bundesländern am Beispiel der Kommunalverwaltung", in: Pitschas, Rainer(Hrsg.). *Verwaltungsintegration in den neuen Bundesländern.* Duncker & Humblot, Berlin, pp.69-88.

Schröder, Meinhard (1987). "Aufgaben der Bundesregierung; Bildung, Bestand und parlamentarische Verantwortung der Bundesregierung", Handbuch des Staates, Band II, hrsg. von Josef Isensee und Paul Kirchhofm Heidelberg.

Statisches Bundesamt (2007): Statisches Jahrbuch 2007: Für die Bundesrepublik Deutschland

Treubrodt, Detlef (2014). Beamtenrech Berlin, Verwaltungsakademie Berlin

Weidenfeld, Werner and Korte, Karl-Rudolf. (eds.). Handbuch zur deutschen Einheit. Bonn: Bundeszentrale fuer politische Bildung, 1996, pp. 526-539.

Wichmann, Klaus·Thomas, Jürgen/박진완역(2010). "독일통일과정에서의 헌법적 문제". 『법학논총』. 제30집 제2호, pp. 563-594.

부록 1

통일조약 비준법률

1990년 8월 31일에 체결하고 1990년 9월 18일에 합의한 독일통일 회복을
위한 양독 조약에 관한 비준 법률[1,2,3]

---

1   민족통일연구원('93.10), 「통일조약 비준법률」번역(p.1-7)을 인용함
2   독어원명: Gesetz zum Vertrag vom 31. August 1990 zwischen der Bundesrepublik
    Deutschland und der Deutschen Demokratischen Republik über die Herstellung
    der Einheit Deutschlands -Einigungsvertragsgesetz- und der Vereinbarung vom 18.
    September 1990
3   이 표시는 역자가 보충설명이 있을 때에 ( )속에 설명한다는 표시임. 위 법률은 양독간에 체결된
    통일조약에 대한 서독연방의회 비준법률임

통일조약 비준 법률

1990.9.23.

서독 연방의회는 연방상원의 동의를 얻어 다음의 법률을 의결한다. 기본법(이하 헌법) 제79조 제2항은 보존된다.(einhalten) (＊ 헌법 제79조 제2항은 헌법 개정 법률을 통과시키려면 연방의회 및 상원의원 총회에서 각각 3분의 2 이상의 찬성을 필요로 함을 정하는 조항)

제1조. 조약 비준

서독과 동독이 1990년 8월 31일에 베를린에서 서명한 독일통일 회복을 위한 양독간의 조약과 의정서 그리고 부록 Ⅰ, Ⅱ, Ⅲ, 그리고 1990년 9월 18일에 베를린과 본에서 서명한 합의서에 대하여 비준한다. 조약과 그 문서 및 조약과 그 문서에 구속되는 합의는 다음에 공포된다.

제2조. 규정위임(사회보장1에 관한 서독의 조약)

(1) 서독 정부는 법률에 의하여 통일조약 제11조에 규정된 조약과 사회보장(법적 의료보험, 사고보험, 연금보험, 가족부양과 근로촉진 등) 분야에 있어서의 독일연방공화국의 약정에 필요한 조정을 행하고 시행규정을 제정할 것을 수임 받는다. 여기에는 다음 각 호에 관한 특별규정을 포함한다.

1. 보험회사와 지사의 관할권

2. 행정절차

3. 독자적 부담에 관한 요구 급부가 있을 때에 의료보험 수가의 지급에 관한 사항

4. 조약 당사국의 법률에 따른 보험기간의 상대적인 계산에 관한 사항

5. 법적 의료 보험회사의 특별 재정부담의 보전에 관하여 하부 보험 회사 간의 합의 실천 사항

6. 의료 및 사고 보험회사에 대한 법적 의료 및 사고 보험회사

---

1   soziale Sicherheit는 사회적 안정성이라는 의미이나 여기에서는 사회보장에 관한 규정이므로 사회보장으로 번역함.

의 지출 할당액의 급부에 관한 사항(∗법적 의료 및 사고 보험회사

는 국가기관이고 의료 및 사고 보험회사, 즉 비법적 회사는 사단법인체로서

의 보험회사임)

(2) 법규정은 법률이 동의 요구의 필요성이 생길 때 그 규정에 대

하여 연방상원의 동의를 필요로 한다.(∗서독의 상원(Bundesrat)은

각 주정부가 주지사를 포함한 주대표를 통일조약 제4조의 기

준에 따라 정한 의원으로 구성됨)

제3조. 규정위임(사회보장에 관한 동독의 조약)

(1) 통일조약 제3조에 명시된 지역에 유효한 사회보장[법적 의료

및 사고 보험(∗산재보험 포함, 이하 같음), 연금보험, 가족 부양 및

근로촉진] 사항에 관하여 통일조약 제12조에 명시된 동독국민

의 법적 계약의 경과 조치로서 통일이 완전히 이루어질 때까지

동독지역의 사회보장에 관한 사무는 동독정부에게 위임한다.

이 이행을 위하여 특히 다음의 사항에 관한 규정을 제정한다.

1. 보험회사와 지사에 관한 사항

2. 행정절차

3. 법적의료보험 회사의 특별재정 부담의 보전에 관하여 보험

회사 간의 합의 실천사항

4. 의료 및 사고 보험회사에 관한 법정의료 및 사고 보험회사

의 지출 할당액의 급부에 관한 사항

5. 독자적 부담에 관한 요구급부가 있을 때의 의료보험수가의
   지급에 관한 사항

6. 조약당사국의 보험회사 또는 지사의 계약을 바탕으로 증명
   되어진 급부의 계산

(2) 법규정은 법률이 동의 요구의 필요성이 생길 때 그 규정에 대
   하여 연방상원의 동의를 필요로 한다.

제4조. 규정위임(유럽공동체 법과 유럽공동체를 위한 약정 법률)

(1) 연방정부는 유럽공동체(EC) 의회로부터 위임받은 사항과 유럽
   공동체의 이에 상응하는 법률문서의 사항에 있어서 유럽공동
   체 법률 또는 이 법률에 따라 공표된 법률의 실행과 적용이 통
   일조약 제3조에 명시된 지역에서 때에 따라 연기되는 경우에
   이를 가능케 하는 해당 법규정을 적용시키는 것을 위임받는다.
   이는 특히 유럽공동체에 의하여 제정된 환경법, 교통법, 농업
   법, 근로보호법의 규정과 유럽 내의 시행을 위하여 유럽공동체
   가 제정한 법률 문서들이 상품유통, 직무수행의 자유와 영역의
   자유를 위해서도 유효하다. 다른 규정에서 정한 규정위임은 침
   해하지 않는다.

(2) 위 제1항 제1문에 반하여 행하거나 거부하거나 이 벌금규정에

위배되는 경우에는 질서위반으로 취급한다.

(3) 질서 위반의 경우에는 벌금 1만 독일 마르크를 부과시킨다.

제5조. 규정위임(재산권 청구)

연방정부는 연방상원의 동의없이 1990년 7월 11일에 제정된 재산권 청구 신고에 관한 법률(동독 관보 제I부, 제44호, 718쪽)을 1990년 8월 21일 제정된 재산권 청구 신고에 관한 두 번째 법률의 취지에 의거 개정 또는 보충할 수 있다. 지금까지 계산되지 않은 재산가치의 신고를 가능케 하기 위하여 신고기간을 연장하거나 신고를 간소화하거나 신고기간을 변경할 수 있다.

제6조. 통일된 규정의 순위의 회복, 행정규칙의 폐지와 개정

(1) 조약 제8조의 부록I의 개정된 조항은 규정에 의하여 부과된 위임의 범위 내에서 재개정한다. 조약 제9조 제2항부터 제4항은 부록II의 범위에서 법규정의 순위와 비율에 의하여 변경되거나 폐기된다.

(2) 동독의 행정규칙에 대하여 조약 제9조 제2항에 관련된 부록II가 계속 유효하는 한 행정규칙에 의하여 개정되거나 폐기될 수 있다.

제7조

조약에 의하여 개정된 법률의 새로운 해당 관할 연방장관은 조약에 의하여 개념이 변경된 법률을 연방 법률관보에 공고한다.

제8조. 동독과 상품유통 통계에 관한 법률의 개정

1978년 6월 16일 동독과의 상품 유통 통계에 관한 법률은 1990년 6월 25일 통화, 경제 및 사회 통합 창출을 위한 조약관계 비준법 제30조에 의하여 개정되었으며, 이는 다시 "통일조약 제3조에 규정된 지역을 포함한 상품 유통 통계에 관한 법률"로 개칭하고 다음과 같이 개정한다. :

1. 제1조 제1항을 다음과 같이 규정한다. : 통일조약 제3조에 언급된 지역과 연방의 다른 지역 간의 상품가치에 관해서는 연방통계에 수록한다.

2. 제2조를 다음과 같이 규정한다. : "통계에는 통합 이전에 이미 연방법이 적용되어 오던 지역과 통일조약 제3조에 언급된 지역 및 그 이외의 지역에서 소비된 모든 상품을 기재한다."

3. 제2a조의 문장 "동독과 동베를린"을 "통일조약 제3조에 언급된 지역"으로 문구 수정한다.

4. 제2c조 다음에 제2d조를 신설한다.

제2d조

"재무관청은 상품을 통일조약 제3조에 언급된 지역에 출고하거나 이 지역과 관련되는 사업을 수행하는 회사의 명칭과 주소를 연방 통계청에 통보한다."

5. 제3조의 문장 "동독과 동베를린"을 "통일조약 제3조에 언급된 지역"으로 문구 수정한다.

6. 제5조는 다음과 같이 규정한다. : 이 법은 1995년 12월 31일에 효력을 상실한다.

제9조. 베를린 – 클라우젤(에 적용)

이 법률은 베를린주가 이 법률의 적용을 받아들이는 한 베를린주에도 유효하다. 이 법률에 의하여 제정된 법규정은 제3차 확대적용법 제14조에 따라 베를린에도 유효하다.

제10조. 발효

(1) 이 법률은 공포되는 날부터 유효하다

(2) 서독과 동독 간에 체결된 통일독일의 회복조약 제45조에 따라 제1조 제1항에 의한 증명서 및 조약은 발효하는 날 연방 법률관보에 공고한다.

상기 법률은 여기에 작성하며 연방 법률관보에 공보한다.

본 1990년 9월 23일

- 연방 대통령 : 봐이젝커
- 연방 수상 : 닥터 헬무트 콜
- 연방 내무장관 : 쇼이블레
- 연방 외무장관 : 한스 – 디트리히 겐셔
- 연방 재무장관 : 테오 봐이겔
- 연방 식량·농업·산림장관 : 이그나크 케이홀레
- 연방 노동 및 사회보장장관 : 노오베아트 볼륨
- 연방 청소년·가정·여성 및 보건장관 : 우글라 레어
- 연방 환경, 자연보호, 핵안전 장관 : 클라우스 됩퍼
- 연방 도시계획·건축 및 도시건설 장관 : 게르다 하쎌펠트
- 연방 교육 및 과학장관 : 유겐 밀레만
- 연방 법무장관 : 엥겔하아드
- 연방 경제장관 : 하우쓰만
- 연방 내독장관 : 뷜롬스
- 연방 교통·체신장관 : 슈봐르츠 – 쉴링
- 연방 국방장관 : 스톨텐베아크
- 연방 연구 및 기술장관 : 하인츠 리젠후버
- 연방 경제협력장관 : 봐른케

부록 2

통일조약

독일연방공화국과 독일민주공화국 간의 독일통일의 회복(Herstellung)에 관한 조약[1],[2]

1   민족통일연구원('93.10), 「통일조약 비준법률」번역(p.9-39)을 인용함(일부 수정)
2   독어원명: Vertrag zwischen der Bundesrepublik Deutschland und der Deutschen Demokratischen Republik über die Herstellung der Einheit Deutschlands (Einigungsvertrag)

통일조약

(Eingungsvertag)

독일연방공화국(서독)과 독일민주공화국(동독)은 동등한 국제사회의 구성원으로서 평화와 자유 속에서 그리고 자유로운 자기결정에 의하여 독일통일을 완성하기로 결정하며, 법치국가적, 민주적 및 사회적 연방국가에서 함께 평화와 자유를 누리며 살고자 하는 양독 국민들의 염원에 따라, 평화적 방법으로 자유에의 돌파구를 마련해준 이들과 통일독일의 회복을 사명으로 고수하여 이제 이를 완성하는 이들에게 감사와 존경을 표하면서, 독일 역사의 지속성을 인식하고, 인권과 평화를 존중하며 독일의 민주발전을 이루어야 한다는 과거에서 비롯된 특별한 책임의식을 가지고, 독일통일을 통해 유럽의 통합과 국경선 구분 없이 모든 유럽 민족들이 서로 신뢰하며 공존할 수 있는 유럽 평화질서의 구축에 일조를 하겠다는 의지에서, 유럽 모든 국가들의 기존 국경과 영토상의 통합 및 그 주권을 침해하지 않음이 평화를 위한 기본 전제조건임을 인식하면서, 독일의 통일회복에 관한 조약을 다음과 같이 체결하기로 합의하였다.

제 I 장. 편입의 효력

제1조. 주(Länder)

(1) 브란데부르크, 맥클렌부르크-포어폼머른, 작센, 작센-알한트 및 튜링겐 주들은, 기본법 제23조에 의거하여 동독의 독일연방공화국 편입 발효와 동시에 1990년 10월 3일부로 독일연방공화국의 주들이 된다. 이들 각 주의 형성과 상호 경계에 대해서는 1990년 7월 22일에 제정된 동독 내 주형성에 관한 헌법규정-주편성법의 부록 II 에 따라 그 기준이 된다.

(2) 베를린의 23개 구역들이 베를린주를 형성한다.

제2조. 수도, 독일통일의 날

(1) 독일의 수도는 베를린이다. 의회와 행정부의 소재지 문제는 독일 통합이 이루어진 후에 결정된다.

(2) 10월 3일은 독일통일의 날로서 법정 공휴일이다.

제Ⅱ장. 기본법

제3조. 기본법의 발효

연방관보 제Ⅲ부 목록 100-1로 공포하고 1983년 12월 21일 최종 개정된 기본법은 제4조에 명시된 개정조항들을 포함하여, 본 조약에서 달리 규정하지 않는 한, 편입발효와 동시에 브란덴부르크, 맥클렌부르크-포어폼메른, 작센, 작센-안할트, 튜링겐 그리고 지금까지 기본법 적용에서 제외됐던 베를린의 일부 주에서도 그 효력을 발생한다.

제4조. 기본법의 편입 전재 개정

서독의 기본법은 아래와 같이 개정된다. :

1. 전문은 다음과 같이 명문화된다.신과 인류에 대한 사명을 인식하면서, 통합유럽의 정당한 일원으로서 세계평화에 공헌하겠다는 의지 하에 독일국민은 헌법제정권에 의거 이 기본법을 제정

하였다. 바덴-부르템베르크, 바이에른, 브란덴부르크, 브레멘, 함부르크, 헷센, 멕클렌부르크-포어폼메른, 니더작센, 노르트라인-베스트팔렌, 라인란드-팔쯔, 자아르란드, 작센-안할트, 슐레스비히-홀스타인 주와 튜링겐주의 독일인들은 자유로운 자결권 행사를 통해 독일의 통일과 자유를 완성하였다. 이로서 이 기본법은 모든 독일 국민에게 적용된다.

2. 제23조는 폐지된다.

3. 기본법 제51조 제2항은 아래와 같이 명문화된다. "(2) 각 주는 최소한 3개의 투표권을, 2백만 이상의 인구를 소유하는 주들은 4개, 6백만 이상의 인구를 가진 주들은 5개, 그리고 700만 이상의 인구를 가진 주들은 6개의 투표권을 갖는다."

4. 제135a조는 자구변경 없이 제1항이 된다. 제1항 다음 제2항이 신설된다. : "(2) 제1항은 동독과 산하법인의 그리고 서독과 산하단체 및 공법기관의 채무에 적용되며 이 채무는 연방, 주 그리고 시·지역으로 양도되는 동독재산 가치와 관련되며 동독과 산하법인의 채무에 기인된 조처에도 적용된다."

5. 기본법에는 제143조가 신설된다. :

제143조

(1) 통일조약 제3조에 언급된 지역의 법률은 다양한 관계에 따라

1992년 12월 31일까지 이 기본법의 규정에 완전히 적용할 수 없으므로 예외적일 수 있다. 기본법 규정과 다른 사항은 제19조 제2항에 위배되어서는 안 되며 제79조 제3항에 명시된 기본원칙들과 일치되어야 한다.

(2) 기본법 제ii절, 제viii절, 제viiia절, 제ix절 및 제x절, 제xi절의 규정은 1995년 12월 31일까지는 적용되지 아니한다.

(3) 제(1)항 및 제(2)항에 상관없이 동 조약의 제41조와 그 실행규정들은 동 조약 제3조에 명시된 지역의 재산권 침해조치에 대한 원상회복의 불가능함을 규정하는 경우에는 유효하다.

6. 제146조는 아래와 같이 명문화된다. :

제146조

"독일이 자유와 통합이 이루어진 후 모든 독일 국민들에게 적용되는 이 기본법은, 독일 국민들의 자유로운 의사에 따라 의결된 새 헌법이 효력을 발생하는 날로부터 그 효력을 상실한다."

제5조. 장래의 헌법개정

조약 체결 당사자는 기본법의 개정이나 보완과 관련하여 통일독일의 입법기관이 2년 내에 독일통합과 관련하여 제기되는 기본법의 개정 또는 보충을 위하여 제기되는 문제를 정리할 것을 권고한다.

특히

- 1990년 7월 5일자 양독 총리발표 공동 결의안에 의거한 행정부
  와 각 주들 간의 관계
- 관련 주들의 합의에 의하여 기본법 제29조의 규정에 예외적으로
  적용되는 베를린/브란덴부르크 지역의 새로운 편성 가능성
- 새로운 국가목표를 기본법에 추가 수용할 것인가에 대한 문제
- 기본법 제146조의 적용과 이에 따른 국민투표의 문제

제6조. 예외 규정

기본법 제131조는 조약 제3조에 명기된 지역에는 당분간 적용되
지 아니한다.

제7조. 재정 헌법(＊재정에 관한 기본원칙)

(1) 독일 연방정부의 재정헌법은 본 조약에 달리 규정되지 아니하
   는 한 제3조에 언급된 지역에도 적용된다.

(2) 제3조에 명시된 지역에서 징수한 재정수입을 연방행정부와 주
   및 지방자치단체에 할당하는 데에는 기본법 제106조가 다음
   기준과 함께 적용된다.

   1. 1994년 12월 31일까지 제3항 제4문 및 제4항은 적용되지
      아니한다.

2. 1996년 12월 31일까지 각 주 소득세 수입의 지방자치단체의 할당액은 이 지역에 속해 있는 주들의 기본법 제106조 제5항에 따라 지역주민들의 소득세 지불능력에 의하지 아니하고, 지역의 인구수에 따라 정해진다.

3. 1994년 12월 31일까지 기본법 제106조 제7항 적용과는 달리 공동세(Gemeinschaftssteuer) 총수입의 각 주들의 몫과 주세금의 총수입 중 최소한 20%, 그리고 제5항 제1호에 따라 "독일통일"기금에서 배당되어진 주들 몫에서 최소한 40%가 매년 지방자치단체에 배분된다.

(3) 기본법 제107조는 조약 제3조에 언급된 주들에게 다음과 같은 조건을 적용한다. : 1994년 12월 31일까지는 서독의 현재까지의 모든 주들과 제3조에 언급된 주들 사이에 제1항 제4번의 규정이 적용되지 않으며 전 독일 주들에 대한 재정조정과 결산(기본법 제107조 제2항)은 행해지지 아니한다. 매상세(Umsatzsteuer)에 대한 독일 전체에 걸친 배당액은 동독의 주와 서독의 주에 할당되는데 브란덴부르크, 맥클린부르크-포어폼머른, 작센, 작센-안할트 및 튜링겐 주들의 인구당 평균 매상세액은 바덴-뷔르템베르크, 바이에른, 브레멘, 헷센, 함부르크, 니더작센, 노르트라인-베스트팔렌, 라인란드-팔쯔, 자아르란드 및 슐레스비히-홀슈타인 주들의 인구당 평균적 매상세액의 1991년도

55%, 1992년도 60%, 1993년도 65%, 1994년도 70% 액수에 해당한다. 베를린주의 몫은 주민 수에 따라 미리 계산된다. 이 항의 규정은 1993년 당면 여건을 고려하여 검토한다.

(4) 조약 제3조에 언급된 주들은 동 조약에 따라 1991년 1월 1일부터 기본법의 제91a조, 제91b조, 제104a조 제3항과 제4항 및 금번 발표된 시행규칙의 적용 하에 놓인다.

(5) 통독 성취 이후 통독기금의 연간 배당은 다음과 같다. :

1. 브란덴부르크, 맥클렌부르크-포어폼머른, 작센, 작센-안할트 및 튜링겐주와 베를린주 일반재정 소요액에 따라 특별 원조금 85%가 지원되고 주민수를 고려하여 각 주에 배당하며 (서베를린은 주민 수에 관계없이)

2. 15%는 상기 주들의 전체적인 공공임무 수행에 사용된다.

(6) 근본적인 여건 변화 시에 조약 제3조에 언급된 주들에 대한 추가 재정지원 여부에 대해서는 연방정부와 주정부들이 공동심사를 거쳐서 결정한다.

제Ⅲ장. 법의 동화

제8조. 연방법의 과도기적 적용

양독 통합과 동시에 제3조에 명시된 지역에는, 특정 주 지역에 관한 적용범위 제한이 없거나 동 조약상 별도 제한이 없는 한, 특히 부록 I 에서 달리 규정하고 있지 않는 한, 연방법이 적용된다.

제9조. 계속 적용되는 동독법

(1) 기본법상 권한 배분규정에 따라 주법에 해당하고, 동 조약이 조인시 적용된 동독법령은, 제143조를 제외한 기본법과 조약 제3조에 명시된 지역에 발효되는 연방법 및 해당 EC법에 어긋나지 아니하거나 또는 조약상 별도 규정이 없는 한 계속 유효하다. 기본법상 권한 배분 규정상 연방법에는 해당되나, 연방 전체에 걸쳐 단일하게 규정된 대상과 관련되지 아니하는 동독법은 연방 입법부에 의한 입법 조치가 있을 때까지 제1문의 조건 내에서 주법으로 계속 유효하다.

(2) 부록 II에 수록된 동독법령은 동 조약과 관련된 부분의 기본법과 즉각 적용 가능한 EC법과 어긋나지 아니하는 한 계속 유효하다.

(3) 동 조약 조인 후 공포된 동독법령은, 양 조약 당사자 간의 합의 하에 계속 효력을 발한다. 제2항의 적용은 배제되지 아니한다.

(4) 제2항과 제3항에 따라 계속 유효한 법률은 그 대상이 연방의

전속적 입법사항을 규정하는 방법들로서 유효하다. 상기 법령이 경합적 입법사항이나 개괄적 입법사항을 규정하는 경우에 상기 법령이 기본법의 여타 적용지역에서 정하는 분야에 관한 것일 경우 그 한도 내에서 연방법으로 계속 적용된다.

제10조. 유럽공동체법(EC법)

(1) EC에 관한 제조약과 변경사항, 보충사항, 국제합의사항, 국제조약 및 결의사항들은 동독의 편입과 함께 조약 제3조에 명시된 지역에 적용된다.

(2) EC에 관한 조약에 근거하여 제정된 법령은 EC의 해당기구에서 예외규정을 제정하지 아니하는 한 동독의 편입과 함께 조약 제3조에 명시된 지역에 적용된다. 동 예외규정들은 행정적 요청들에 부합되어야 하며, 경제적 어려움을 최소화하는 데에 기여하여야 한다.

(3) 각 주의 소관으로 집행 또는 시행되는 EC법령은 주 법규정에 따라 집행 또는 시행한다.

제IV장. 국제조약 및 협정

제11조. 서독의 조약

국제기관 및 국제기구 회원가입을 규정한 조약을 포함한 서독의 국제조약 및 협정사항들은 계속 유효하며, 부록 I 에 언급된 예외 조약을 제외하고는 그 권리와 의무사항이 조약 제3조에 언급된 지역에도 적용된다. 개별적 조정이 필요한 경우에는 통일 독일정부가 해당 조약 상대자와 협의를 한다.

제12조. 동독의 조약

(1) 통독과정이 진행 중인 현재 동독의 구(舊) 제조약들은 조약체결 당사자들과 논의를 거쳐서 계속 유효, 조정 또는 효력상실 여부 등을 결정 또는 확인하기로 한다. 이 작업은 다만 신뢰보호, 관련국들의 이익, 서독 측의 조약상 의무의 관점에서 그리고 자유, 민주, 법치국가적 기본원칙에 따라, 또한 EC의 권한을 존중하는 범위 내에서 진행되어야 한다.

(2) 통일독일은 동독 측이 체결한 국제조약 이행에 대한 입장을 조약당사자들 및 EC측과 협의한 후 결정한다.

(3) 서독은 가입되어 있지 않고 동독만 가입되어 있는 국제기구나 다자간 조약에 통일독일이 가입하려고 할 경우에 독일은 모든 당사국과, EC의 권한이 관련되는 경우 EC와 협의한 후 결정한다.

제V장. 공공행정과 사법(司法)

제13조. 시설의 이양

(1) 이 조약 제3조에 언급된 지역의 행정기구와 공공행정 및 사법시설은 그것이 위치에 있는 주정부의 관할이 된다. 일개 주를 넘어서 업무활동을 하는 시설은 관련 주의 공동관리로 이양된다. 고유업무를 자율적으로 수행할 수 있는 여러 부분시설로 구성되어있는 경우 부분시설은 그 위치한 주정부의 관할에 속한다. 주정부가 각 시설의 업무폐지 또는 업무양도를 규정한다. 1990년 7월 22일에 결정된 주시행법 (Laendereinfuehrungsgesetz) 제22조의 적용은 배제되지 아니한다.

(2) 가입의 발효시까지 제1항 제1문에 규정한 시설 또는 부분시설이 기본법상 권한 배분 규정에 따라 연방이 직무에 속하는 업무를 수행하는 한 시설은 최고 연방기관의 관할에 속한다. 이 연방정부기관이 각 시설의 업무양도 또는 업무폐지를 규정한다.

(3) 공공행정이 법적 주체가 되는 제1항과 제2항에 언급된 시설에는 다음 시설을 포함한다.

1. 문화, 교육, 학술 및 체육기관

2. 라디오 방송국과 TV 방송국

제14조. 주의 공동기관

(1) 기본법상 명시된 개별 관할권에 의거해 주정부에서 담당하는 자체 고유업무를 동독 편입효력의 발생 시까지 수행했던 시설과 그 산하기관은 규정 확정시까지는 제1조 제1항에 언급된 주들을 통해서 그 주들의 공동시설로 계속 수행한다. 이는 과도기적인 수행이 주의 임무를 완수하기 위하여 불가결한 경우에 한한다.

(2) 주의 공동시설은 주지사 선출 시까지 주정부 전권수임자의 관할이 되며, 주지사 취임 후에는 주지사 산하에 속한다. 이 기관들은 주정부 해당 장관에게 감독권을 위임할 수 있다.

제15조. 주행정을 위한 경과 규정

(1) 이 조약 제1조 제1항에 언급된 각 주들의 주 의회의장과 그 주에 속해있는 각 지역 행정 전권수임자는 지금까지의 담당업무를 편입 효력 발생시로부터 주지사들의 선거시까지 연방정부의 책임 하에 있는 동안 정부의 지시를 받는다. 주 의회의장은 주의 전권수임자로서 주 행정을 관리하고 주의 각 지방 행정 당국과 아울러 위탁된 업무의 경우에는 시와 각 구역 그리고 주

의 관할지역에 대해서도 명령권을 가진다. 제1조 제1항에 언급된 주들에서 주정부 전권 수권자가 임명되면 그들은 편입효력 발생시까지 제1문과 제2문에 언급된 임무와 주의회 의장으로서의 권한을 가진다.

(2) 서독의 주정부들과 연방정부는 동독 주행정부 구성시 행정적 지원을 제공한다.

(3) 이 조약 제1조 제1항에 언급된 주정부 지사들의 요청에 따라 서독 주정부 및 연방정부는 최대한 1996년 6월 30일까지 특정 자문업무의 수행을 행정적으로 지원한다. 다른 주정부 및 연방정부 소속 관리들이 자문업무 수행을 위한 행정적 협조를 하면 주지사는 동 전문업무 분야에 대해 자신의 명령권을 부여한다.

(4) 연방정부 측에서 주정부에 대해 전문적 업무수행 지원시에는 업무수행에 필요한 재정수단을 제공하며, 여기 사용된 재정비용에 대해서는 독일 통일기금이나 수입 판매세(Einfuhr-Umsatzsteuer)에 대한 각 주들이 분담해야할 몫으로부터 정산처리한다.

제16조. 베를린 통합 주정부 구성시까지의 경과 규정

베를린시 통합 주정부가 구성될 때가지 서베를린의 내각(Senat)과 동베를린의 행정위원회(Magistrat)가 통합 베를린 주정부의 임무를

수행한다.

제17조. 복권

쌍방은 모든 정치범과 반법치국가적, 위헌적 불법재판의 희생자들이 된 사람들이 복권될 수 있는 법적 기초를 즉각 마련할 것을 강조한다. 동독의(＊SED로 약칭) 불법 정부치하에 시달린 이 희생자들은 복권과 동시에 적절한 보상조치가 행해져야 한다.

제18조. 법원 판결의 효력 지속

(1) 편입효력 발생 이전에 발표된 동독 재판 결정사항은 제8조에 의거하여 발효된 법률이나 제9조에 의거하여 계속 유효한 법률의 적용에 따라 지속적인 효력을 가지며 집행될 수 있다. 동 법률에 따른 법원판결과 그에 따른 집행이 일치하는가를 법치국가적인 원칙에 의거 검토한다. 제17조는 이와 관계없이 적용된다.

(2) 동독 형사 재판소에서 판결받은 자에 대해서는 본 조약 부록 I 에 따라 법률상 유효한 판결의 파기를 결정할 수 있는 특별권리가 허용된다.

제19조. 공공 행정기관의 행정행위 효력 지속

편입효력 발생 이전에 발표된 동독 행정 공문서는 계속 유효하며 그것이 법치국가적 원칙이나 이 조약의 규정들과 불일치할 경우에는 폐기될 수 있다. 그 밖에 행정행위의 효력존속에 관한 규정의 적용은 배제되지 아니한다.

제20조. 공무원의 법적 지위

(1) 동독 편입시 공무원의 법적 관계는 부록 I 에 합의된 과도적 규정이 적용된다.

(2) 기본법 제33조 제4항의 통치권적 권능에 의해 주어진 공공업무는 즉시 공무원이 수행해야 한다. 공무원법은 부록 I 에 합의된 규정에 준하여 시행된다. 기본법 제92조는 변경되지 아니한다.

(3) 군입법은 부록 I 에 합의된 규정에 준하여 시행된다.

제VI장. 공공재산과 채무

제21조. 행정재산

(1) 특정업무 수행에 필요한 동독의 재산 중에서 1989년 10월 1일 현재 기본법에 명시된 행정목적상 주로 각 주·시 구역 및 기타

공공 행정기관이 시행해야 하는 것으로 규정된 목적의 재산이
아닌 경우에 한하여서만 연방정부 재산이 된다. 전 동독 국가
공안부(Stasi) 업무수행에 사용된 행정재산은 그것이 위에 언급
된 시점('89.10.1.)에서 이미 사회적·공공적 목적에 사용되지 아
니하였을 경우 신탁청에 귀속된다.

(2) 행정재산이 제1항의 규정상 연방재산에 속하지 않을 경우, 이
행정재산은 동독의 서독 편입과 동시에 기본법에 따라 해당 행
정 업무를 수행하는 공공기관에 속한다.

(3) 공법상의 다른 법인으로부터 연방정부, 주정부 및 각 시 구역
에 무상으로 사용토록 맡겨진 재산은 해당 법인이나 그의 권리
계승자에게 되돌려진다. 이전 제국재산은 연방재산이 된다.

(4) 제1항부터 제3항까지 혹은 연방법에 따라 행정재산이 연방재
산이 될 경우 이 재산은 이 조약 제3조에 언급된 지역의 공공
업무 수행을 위해 사용된다. 이 원칙은 재산 매각으로 생긴 수
익금의 사용에도 적용된다.

제22조. 재정재산

(1) 특정 행정업무에 직접적으로 필요치 않아 토지 및 임야재산,
부동산 및 동산을 포함한 이 조약 제3조에 언급된 지역에 속
한 법인들의 공공재산은 사회보험의 재산을 제외하고는 그것

이 신탁청에 양도되지 않거나 혹은 신탁법 제1조 제1항 제2절 및 제3절에 의거 법률로서 위임되지 않는 한 동시에 연방정부의 신탁 관리하에 둔다. 재정재산이 전 국가공안부(Stasi) 임무 수행에 주로 사용된 경우, 그것은 신탁청에 귀속된다. 재정재산이 1989년 10월 1일 이후 사회복지적·공공적 목적에 사용된 경우, 그것은 신탁청에 귀속치 아니한다. 연방법에 의하여 재정재산이 연방정부와 이 조약 제1조에 언급된 주들이 각각 총재산의 1/2을 보유한다. 각 시구역은 각 주에 분배된 몫의 적절한 몫을 배분받는다. 이에 따라 연방정부가 배당받는 재산은 이 조약 제3조에 언급된 지역들에서의 공공업무 수행을 위해 사용되어야 한다. 전체 주들에 배당된 재산의 각 주로의 분배는 편입발효와 동시에 서베를린을 제외하고는 각 주의 인구수에 비례해서 실시된다. 이 조약 제21조 제3항은 준용된다.

(2) 연방 재무장관이 연방 재산관리청을 통해 관리의 인수를 규정하지 않는 한 새로운 법률이 제정될 때까지 기존 관리청이 재정재산을 관리한다.

(3) 제1항과 제2항에 언급된 지역법인체들은 각 지역의 법인 상호간 재산의 법적·실질적 관계가 해명되지 않거나 분쟁중인 재산 평가에 관한 기록을 담고 있는 토지등기부, 토지대장 및 기타 진행과정의 기록에 관한 열람과 이에 대한 정보입수를 요청할

수 있는 권리를 갖는다.

제23조. 채무규정

(1) 편입 발효시까지 누적된 동독 재정의 총부채는 권리능력 없는 연방의 특별재산 가치로 인수된다. 그 특별재산은 부채상환 의무를 수행한다. 이 특별재산은 다음의 경우에 신용대부권을 부여받는다. :

   1. 특별재산의 채무상환

   2. 변제기에 도달한 이자 및 차입비용의 변제

   3. 시장육성을 위한 특별재산의 채무명의 구입

(2) 본 특별재산은 연방 재무장관이 관할한다. 특별재산은 문제발생 시 재무장관의 명의로 법률행위 및 소송행위를 할 수 있다. 특별재산의 보통재판적은 연방정부 소재지에 위치한다. 연방은 특별재산의 부채에 책임을 진다.

(3) 편입 발효시로부터 1993년 12월 31일까지 특별재산에 의해 지출된 이자는 연방정부와 신탁청이 각각 그 액수의 절반을 담당한다. 상기 특별 재산 지출 이자금은 그 지불이행 월말까지 연방과 신탁청에 의해 상환된다.

(4) 서독과 동독간의 화폐·경제·사회 통합실시에 관한 1990년 5월 18일자 조약 제27조 제3항에 의거, 연방과 이 조약 제1조에

명기된 주들 및 신탁청이 1993년 12월 31일까지 누적된 특별재산 관련(또는 지출) 총 부채를 1994년 1월 1일부로 공식 인수한다. 부채의 개별 할당액은 1990년5월 18일자 체결조약에 의한 1990년 7년 25월자 법 제34조에 따른 특별법에 의해 규정된다. 이 조약 제1조에 명기된 주들의 개별 부담액은 편입 발효시까지 각 주 인구수에 따라 계산되며, 서베를린의 인구수는 고려되지 아니한다.

(5) 특별재산은 1993년 말로 소멸된다.

(6) 편입시까지 동독 국가재정 형태로 부담한 제반 상환의무와 보증 및 채무담보는 편입 발효와 동시에 독일 연방공화국에 의해 인수된다. 이 조약 제1조 제1항에 명시된 주들과 베를린주 중 지금까지 기본법의 적용을 받지 아니하였던 일부(과거의 동베를린 지역)는 독일연방공화국이 인수한 이 제반 상환액과 채무담보 절반을 재인수한다. 결손액은 편입 발효시까지 인구수를 고려하여 각 주에도 할당되며, 서베를린의 인구수는 고려되지 아니한다.

(7) 베를린 국립은행에 대한 동독의 참여지분은 이 조약 제1조에 명기된 주에 양도될 수 있다. 베를린 국립은행에 대한 동독의 지분권은 위 제1문과 제3문에 따른 양도시까지 연방에 귀속된다. 조약 당사자들은, 독점법 심사권을 침해하지 아니하는

범위 내에서, 베를린 국립은행이 전체 혹은 부분적으로 독일 연방공화국내 공법 신용기관으로나 또는 여타 법인체로의 이전 가능성을 검토한다. 채권과 채무들이 전부 파악되지 아니하였을 경우, 베를린 국립은행의 이 잔류부분은 청산 될 수 있다. 베를린 국립은행에 대한 동독의 보증에 따른 책임은 연방이 인수한다. 이는 제1문 내지 제3문에 따른 지분 양도 후에 발생되는 재무사항에는 적용되지 않는다. 제5문은 베를린 국립은행의 청산과정에서 발생되는 새로운 채무에도 적용된다. 연방이 보증의무에 따라 책임을 질 경우, 이 부담은 연방정부 재정의 총 부채로 통합하며, 편입 발효시부터는 제1항에 명시된 권리능력 없는 특별재산에 인수된다.

제24조. 독일 연방공화국과 타국에 대한 채무 및 채권의 청산

(1) 대외무역 및 외환 독점 분야에서 발생했거나 1990년 7월 1일까지 서독과 타국에 대한 동독의 여타 국가업무 수행시 발생한 채권과 채무는, 편입 발효시까지 유효할 경우 연방 재무장관의 지시와 감독 하에 청산된다. 편입 발효 후 독일 연방공화국 채무상환 협정에는 제1문에 명기한 채권도 포함된다. 해당 채권은 그 가치가 평가되어지는 한 연방 재무장관에 의해 신탁 관리되거나 연방으로 양도된다.

(2) 제23조 제1항에 따른 특별자산은 필수 관리비용과 수지 차이로 야기된 이자비용 및 청산시 자체 수단으로 해결되지 않은 부담, 기타 손실내용 일체를 1993년 11월 30일까지 청산위탁기관으로부터 인수한다. 상기지출, 비용 및 손실은 1993년 11월 30일 이후 연방과 신탁청이 절반씩 분담한다. 세부사항은 연방법에 의해 규정된다.

(3) 동독 또는 그 국가기관의 상호 경제원조 이사회(RGW) 회원자격으로 인하여 발생되는 채권과 채무는 독일연방공화국이 가하는 별도 규정의 대상이 될 수 있다. 이 규정은 1990년 7월 30일 이후 발생했거나 발생하는 채권과 채무에도 적용될 수 있다.

제25조. 신탁재산

1990년 6월 17일에 제정한 국유재산의 사유화 및 재편성에 관한 (관보 I 33번, 300면) 법률-신탁법-은 편입 발효와 동시에 다음 기준에 따라 계속 효력을 발한다. :

(1) 신탁청(Treuhandanstalt)은 신탁법 규정에 따라 경쟁력을 갖도록 과거 국가소유 기업을 재조직하고 사유화 할 임무를 부여 받는다. 신탁청은 연방 직속공법기관이 된다. 이의 실무 및 법적 감독은 연방 재무장관에게 귀속된다. 재무장관은 실무감독 시 연방 경제장관 및 관련 부처 장관들과 협의를 한다. 신탁청의

자본출자에 연방은 간접적으로 참가한다. 정관 개정은 연방정부의 동의를 필요로 한다.

(2) 신탁청 이사회 임원은 16명에서 20명으로, 제1회 이사회 발족시에는 23명으로 증원된다. 동독 인민의회에서 선발되는 2인의 대표자 대신이 이 조약 제1조에 명기된 주들이 신탁청 이사회 의석을 각기 1석씩 할당 받는다. 신탁법 제4조 제2항과는 달리, 신탁청 이사회장과 이사들은 연방정부로부터 임명된다.

(3) 조약 당사자는 국유재산을 예산담당기관으로부터 독립하여 오직 조약 제3조에 명기된 지역 내 조치들을 위해서만 사용할 것을 합의한다. 이는 1990년 5월 18일자 조약의 제26조 제4항, 제27조 제3항에 따른 신탁청의 수익금에도 공히 적용된다. 농업구조적응(Strukturanpassung)을 위해서 신탁청 수익금은 특수한 경우 농산업체의 부채상환 조치로 사용될 수도 있다. 사전에 이들 업체 소유재산은 채무변제에 사용되어야만 한다. 동업체로부터 독립된 사업부분의 부채는 혜택 대상에서 제외된다. 채무청산을 위한 지원은 또한 해당업체가 차후 경제력에 따라 지원금의 전액 또는 부분을 상환한다는 조건으로 행해질 수 있다.

(4) 1990년 5월 18일자 조약 제27조 제1항에 따라 신탁청에 부여된 신용대부 창설 한도액은 170억 마르크에서 250억 마르크로

인상된다. 상기 채무는 원칙적으로 1995년 12월 31일까지 상환되어야 한다. 연방 재무장관은 상황기관 연장과 기본조건 변동시 부채 상한선 초과를 허가할 수 있다.

(5) 신탁청은 연방 재무장관과의 합의하에 상환의무 대부와 지불보증 및 기타 담보 설정권을 양도받을 수 있다.

(6) 1990년 5월 18일자 조약 제10조 제6항의 지침에 따라, 2:1 화폐교환시 한도규정으로 인해 교환되지 못한 저축금에 대하여 차후 재산에 대한 지분증권 형식으로 전환할 수 있도록 규정할 수 있다.

(7) 1990년 6월 30일 이전에 설정된 부채에 대한 원금상환과 이자지불은 서독 마르크화의 개시 대차대조표가 제출될 때까지 중지될 수 있다. 이에 따라 발생되는 이자는 신탁청이 독일 신용은행과 여타 은행들에 지불할 수 있다.

제26조. 특별재산 독일제국철도

(1) 1990년 5월 18일자 조약 제26조 제2항의 규정상 특별재산 독일제국철도에 속하는 제반 동독소유 재산 및 서베를린 내 동독 재산들은 발효와 동시에 특별재산 독일제국철도 자본으로 획득되었거나 혹은 국영철도의 영업에서 사용되거나 그 전임기관의 영업에 사용되어진 재산권도 이에 속한다. 이때 이 재산권이

차후 독일제국철도의 동의하에 다른 목적에 쓰여진 경우를 제외하고는 그 재산권이 어떤 법인을 위해 취득되어진 것인가는 고려되지 아니한다. 1991년 1월 31일까지 독일제국철도로부터 1990년 7월 11일(관보 I, 제44호, 718면) 재산권 청구신청 규정 제1조 제4항에 상응하여 명시된 재산권은 동독 국영철도의 동의로 다른 목적에 사용되어졌던 재산에 해당되지 아니한다.

(2) 상기 재산권 외에도 이와 관련된 제반 채무 및 채권 역시 특별재산으로 독일제국철도로 이양된다.

(3) 서독연방철도청 이사장과 독일제국철도청 이사장이 두 특별자산의 통합에 대한 책임을 진다. 이때 이들의 임무는 쌍방 철도의 기술적·조직적 결합을 그 목적으로 한다.

제27조. 특별재산 동독 체신

(1) 특별재산 동독 체신에 속하는 소유권과 기타 모든 재산권은 서독의 재산이 된다. 이는 연방 체신청의 특별재산과 통합된다. 상기 재산권 외에도 이와 관련되는 채무와 채권은 특별재산 "연방 체신청"으로 이양된다. 통치권적, 정치적 목적을 위한 재산, 이와 관련된 채무와 채권과 더불어 특별재산 연방 체신청의 일부분이 되지 아니한다. 1945년 5월 8일 독일제국 체신에 속했거나 혹은 1945년 5월 8일 이후 독일제국 체신의 자

본에 의해 획득되어진 것이거나 또는 동독체신의 영업에 사용되어진 재산권은 전부, 차후 동독체신의 동의하에 다른 목적에 쓰여진 경우를 제외하고는, 어떤 법인을 위해 취득되었는가를 고려하지 않고 특별재산 동독 체신에 귀속된다. 1990년 1월 31일까지 동독 체신에 의해 1990년 7월 11일의 재산권 청구 신청 규정 제1조 제4항에 상응하는 적용에 따라 언급되는 재산권은 동독 체신의 동의하에 다른 목적에 사용된 재산으로 인정되지 아니한다.

(2) 서독 체신부장관은 연방 체신청 기업들의 의견을 청문회를 통해 청취하여 그 3개 기업의 분할 특별재산으로서 특별재산 동독 체신 분배를 규정한다. 서독 체신부장관은 연방 체신청 3개 기업의 의견을 청취하여 3년 내의 과도기간을 설정하여 어떤 재산이 통치권적, 정치적 목적에 사용되어질 것인가를 확정짓는다. 장관은 이를 자산가치 평가액의 조정없이 인수한다.

제28조. 경제촉진

(1) 편입 효력발생과 더불어 이 조약 제3조에 언급된 지역은 유럽 공동체(EC)의 관할사항을 고려하여 서독지역에 존재하고 있는 경제촉진 조치를 위한 연방규정의 적용을 받게 된다. 관련기간 내에 특별히 구조조정의 필요성이 고려되어야 한다. 그와 더불

어 중산층에 대한 각별한 고려 하에 균형 있는 경제구조로의 가능한 한 조속한 발전이 이루어지도록 노력해야 한다.

(2) 해당 관할 부처(Zustaendiges Ressort)는 이 조약 제3조에 언급된 지역의 경제성장과 구조변경의 가속화를 위한 구체적인 조치 및 프로그램을 준비해야 하는 바, 그 프로그램은 다음의 영역을 포함한다.

- 이 조약 제3조에 명시된 주에 유리하도록 특별계획을 수반한 지역적 경제 발전조치로서 이 지역에 대한 특별 우대의 보장

- 경제성이 높은 사회 간접자본시설(Wirtschaftnahe Infrastruktur)에 최대한의 역점을 둔 지방자치단체의 경제적 전제조건의 개선을 위한 조치

- 중산층의 조속 발전을 위한 조치

- 산업의 자기 책임 하에 형성된 재구조 조정개념(예를 들어 기업 건설화 프로그램, Comecon 국가를 위한 수출생산)에 입각한 경제의 현대화와 새로운 구조창출을 위한 조치들

- 개별적인 검토에 따른 기업의 채무면제

제29조. 대외경제 관계

(1) 동독의 기존 대외경제 관계 중 특히 상호 경제원조 이사회 국가에 대한 기존 조약상의 의무는 신뢰보호를 받는다. 이 대외

경제 관계는 모든 참가국들의 이익을 고려하여 그리고 시장 경제적 원칙 및 EC의 관할권을 존중하여 계속 발전, 형성되어갈 것이다. 통일 독일정부는 전문적 관할권의 범위 내에서 이 대외 경제관계가 조직적으로 규정되도록 최선을 다할 것이다.

(2) 서독연방정부 및 통독정부는 유럽공동체의 해당기구들과 제1항에 준하여 과도기간 내 대외무역에 있어 어떠한 예외규정이 필요한가에 대해 합의한다.

제VII장. 노동, 사회보장, 가족, 여성, 보건, 환경보호

제30조. 노동과 사회보장

(1) 통독 후 입법기관은 다음과 같은 임무를 지닌다.

    1. 노동 계약법, 일요일·공휴일의 노동허가를 포함한 공법상의 근로시간법 및 여성근로자 보호 특별법 등을 가능한 조속한 시일 내에 통일화시켜 새로 편찬하는 작업

    2. 공법상의 근로보호를 위해 유럽공동체법과 거기에 해당되는 부분의 동독 근로보호법을 일치시켜 현시점에 적합하게 조정하는 것

(2) 조약 제3조에 명시된 지역에서의 근로자들은 만57세가 되

면 첫 노령연금을 지급받을 때까지 3년간의 노령경과연금 (Altersuebergangsgeld)을 법적 연금보험으로부터 지급받을 수 있다. 노령경과연금액은 최종 실수령 평균 월급의 65% 금액이다. 연금 신청기간이 단지 1991년 4월 1일까지만 유효한 노동자들의 노령경과연금액은 처음 312일 동안에 한하여 5% 인상된 금액을 추가 지급한다. 연방노동청은 실업수당규정 및 제105c조에 의거하여 노령경과연금을 지불한다. 연방노동청은 노령경과연금 신청자가 지금까지 일한 곳에서 업무능력이 현저히 뒤떨어진 것으로 판명되면 해당 연금신청을 거절할 수 있다. 노령경과연금 규정에 따라 신규 신청의 경우 1991년 12월 31일까지 여성 근로자들은 만 55세 이후부터 최대한 5년 동안 노령경과연금을 지급받을 수 있다.

(3) 이 조약 제3조에 명기된 지역에서 1990년 5월 18일 체결한 조약과 관련하여 연금·사고·실업 보험금 지급에 추가적으로 지급되는 사회보장 지원금은 신규가입에 대해서는 1991년 12월 31일까지로 제한한다. 동 지원금은 최대한 1995년 6월 30일까지 지급된다.

(4) 사회보험 임무를 각 보험단체에 분담하면 각 단체는 보험금을 지급하고 자금을 조달하며 동 임무를 개별적으로 수행한다. 각 사회보험단체에 대한 재산분배(차변 및 대변)는 법률로 최종 확정

한다.

(5) 사회법전 제6권(연금보험)과 제국보험 규정집 제3권(사고보험)의 적용 세부내용은 연방법규 내에서 규정된다. 연금보험법상 1992년 1월 1일부터 1995년 6월 30일 사이에 연금을 받기 시작하는 사람들에 대해서는 다음 기준이 적용된다. :

1. 원칙적으로 최소한 1990년 6월 30일 현재 이 조약 제3조에 언급된 주들에 적용됐던 연금법에 따라 연금 신청 자격이 있으면 동 연금은 지급이 허가된다.

2. 1990년 6월 30일 현재 이 조약 제3조에 언급된 주들에 적용됐던 연금법에 따라 연금 신청 자격이 있으면 동 연금은 지급이 허가된다.

   기타 이러한 경과조치를 결정하는 것은 제3조에 언급된 주들의 임금, 봉급, 연금 등이 독일 내 다른 주들과 균등하게 하는 것을 목표로 하는 것이다.

(6) 직업병에 관한 법령을 계속 발전시키면서, 현재까지 이 조약 제3조에 명시된 지역에서 적용되었던 규칙들이 어느 정도 반영될 수 있는지를 심사해야 한다.

제31조. 가족과 여성

(1) 통일독일 입법기관은 남녀권리 평등화를 위한 입법제도를 계속

발전시키는 임무를 지닌다.

(2) 법적·제도적으로 부모의 취업활동상 출발조건이 서로 상이한 상황에서 가정과 직업을 조화시킬 수 있는 법적 기반을 형성하는 것이 통일독일 입법기관의 임무이다.

(3) 이 조약 제3조에 명시된 지역들이 탁아시설의 지속적인 운영을 보장하기 위해 연방정부는 1991년 6월 30일까지의 과도기간에 시설의 운영비를 분담한다.

(4) 통일독일 입법기관은 늦어도 1992년 12월 31일까지 기존의 양독지역 경우보다는 타인에게 보다 나은 보호를 보장하고 임산부가 직면하는 양독의 헌법상 모순을 조화롭게 해결하는 입법의 의무를 진다. 특히 우선적으로 상담하고 사회적 원조를 받을 권리를 법적으로 보장해야 한다. 이 목표달성을 위하여 이 조약 제3조에 언급된 주에 연방재정원조를 받아 다양한 기관이 운영되고 광범위한 범위를 상담할 수 있는 시설망을 지체 없이 설치한다. 이 상담소는 충분한 인적·물적 자원을 제공한다. 출산 후에도 임산부에 상담과 필요한 조언을 제공하는 업무를 수행케 한다. 상기 제1문의 기간 내에 필요한 입법이 이루어지이 아니하며 이 조약 제3조에 언급된 지역의 기존 실정법을 계속 적용한다.

제32조. 자율사회단체

자율 후생사업 단체들과 자율 청소년 후원기구들은 시설과 봉사활동을 통해 기본법상 사회 복지국가주의 정신구현에 필수적 기여를 한다. 이 조약 제3조에 명시된 지역들에서의 자율 후생 사업단체들과 자율 청소년 후원기구들의 설립과 확대는 기본법상 권한의 범위 내에서 장려·지원된다.

제33조. 보건

(1) 이 조약 제3조에 명시된 지역들에서의 주민들에 대한 제반 의료 수준이 신속하고 꾸준히 개선되도록 하며, 서독 기타 주들의 상황과 비슷해지도록 여건을 조성하는 것이 입법기관의 임무이다.

(2) 편입되는 동독 주들에서의 의료보험회사의 의약품에 대한 보험 수가 지불시 발생되는 결손을 방지하기 위해서 통독 후 입법기관은 한시적인 규정을 제정하여, 편입되는 동독지역과 현재의 서독지역에서의 의료보험가입 의무자 간의 수입 차액과 상승하는 제조자 공급가격 부분은 의약품 가격규정에 의거해 인하시킨다.

제34조. 환경보호

(1) 1990년 5월 18일 조약과 1990년 6월 29일 제정된 동독 환경 관계법(동독관보 제42호 649면)에 의거해 달성된 독일 환경통합에 입각하여 예방의 원칙, 원인야기 부담의 원칙, 협력의 원칙을 존중하는 가운데 인간의 자연적 삶의 원칙을 보호하고 생태학적 생활여건을 최소한 서독의 수준으로 향상시키는 것이 입법기관의 임무이다.

(2) 이 조약 제3조에 명시된 지역 내에서 제1항의 목표들을 신속히 달성시키기 위해 환경정화 및 개발 프로그램이 기본법의 권한 규정 범위 내에서 수립된다. 국민의 건강을 위해서 위험방지 대책이 최우선적으로 세워져야 한다.

(3) 문화적 임무수행과 자금조달 문제는 보장되어야 하며 기본법상 권한배분에 따라 새로운 주들과 지방자치단체의 문화·예술의 보호와 진흥 의무가 부여된다.

(4) 지금까지 중앙집중적으로 운영되던 문화시설과 기관은 그것이 위치한 주나 지방자치단체(Kommunen)의 담당기관에 이양된다. 연방정부를 통한 부분적 재정조달은 예외적인 경우, 특히 베를린주에 대해서는 가능하다.

(5) 전후 사건들로 인하여 분산 소장된 프로이센 정부의 소장품들 (현재 국립박물관, 국립도서관, 기밀 국가문서고, Ibero-Amerika 연구소, 국립 음악연구소 등에 분산 소장되어 있는)은 베를린으로 다시 집중 소장

된다. 프로이센 문화재단이 과도기 담당기관이 된다. 장래 국립 프로이센 소장품 관리규정 제정을 위해서 총체적인 담당기관이 베를린에 설치된다.

(6) 문화기금은 문화, 예술 그리고 예술인 장려를 위해 과도기적으로 1994년 12월 31일까지 이 조약 제3조에 명시된 지역에 계속 적용된다. 연방정부를 통한 부분적 자금조달은 기본법에 의한 권한배분 범위 내에서 가능하다. 후속 기관에 대해서는 이 조약 제1조 제1항에 언급된 주들의 편입문제를 협상하는 과정에서 주들의 문화재단과 별도 협의를 한다.

(7) 분단의 결과로 발생한 동서독 간의 이질성을 줄이기 위하여 연방은 과도적으로 이 조약 제3조에 언급된 지역 내에서의 문화적 사회시설 진흥을 위한 개별적 문화조치와 기관들의 재정을 부분적으로 지원할 수 있다.

제36조. 방송

(1) 동독의 라디오 방송과 TV 방송은 이 조약 제1조 제1항에 언급된 주들과 아직 기본법 적용을 받지 않았던 동베를린주에 의해서 운영되는, 국가로부터 독립된 공공법인체가 되며, 주관할 업무로 규정된 임무를 최대한 1991년 12월 31일까지 계속 수행한다. 동 기관은 이 조약 제3조에 언급된 지역의 국민들에게

공영방송 기본원칙에 준하여 라디오와 TV 방송의 업무를 담당한다. 지금까지 동독 체신청에 속해있던 방송기술, 라디오·TV 방송제작과 관리를 위한 시설은 동 기관에 속하게 된다. 제21조는 이에 상응하여 적용된다.

(2) 동 시설의 조직들은 다음과 같다. :

1. 방송 수임자

2. 방송자문위원회

(3) 방송 수임자는 동독 총리의 추천에 의해 동독 인민의회에서 선출되지 못할 경우 이 조약 제1조 제1항에 언급된 주들의 주의회 의장과 베를린시장의 회의에서 과반수 이상의 찬성으로 선출된다. 방송 수임자는 기관을 지휘하며 동 기관을 대표한다. 그는 동 기관의 업무 수행을 위해 법률적, 비법률적인 책임을 지며 즉시 1991년도 가용 한도 내에서 예산안을 작성해야 한다.

(4) 방송자문위원회는 사회 주요 단체의 대표자들 가운데 18명의 사회저명 인사들로 구성된다. 그 중 3명의 위원은 조약 제1조 제1항에 언급된 주들의 주의회와 베를린 주의회에 의해 선출된다. 방송자문위원회는 모든 프로그램 문제에 대한 자문권을 가지며 주요인사, 경영 그리고 재정문제에 대한 결정에 참여권을 갖는다. 방송자문위원회는 동 위원수의 3분의 2 이상의 찬

성에 의해 새로운 방송 수임자를 면직시킬 수 있다. 동 위원회는 동 위원수의 3분의 2 이상의 찬성에 의해 새로운 방송 수임자를 선출할 수 있다.

(5) 동 기관의 재정은 우선적으로 이 조약 제3조에 언급한 지역에 거주하는 시청자들로부터 수납된 시청료 수입으로 충당된다. 동 기관은 시청료의 수납기관이 된다. 그 외에는 광고수입이나 기타 수입으로 지출을 충당한다.

(6) 제1항에 언급된 기간 내에 동 기관은 방송의 연방국가적 성격에 따라 이 조약 제1조에 언급된 주들의 공동 국가조약에 의해 해체되거나 개별 또는 다수의 주들로 구성된 공공기관에 이양된다. 1991년 12월 31일까지 위에서 언급된 공동협정이 체결되지 않을 경우에 동 기관은 이 기한의 종료와 함께 해체된다. 해체시 현존하는 차변자산과 대변자산은 이 조약 제1조 및 제3조에 언급된 지역 내에서 1991년 6월 30일 현재 징수되어지는 시청료의 비율에 따라 정해진다. 이 조약 제3조에 언급된 지역 내의 방송 존속을 위한 주들의 의무는 변함없이 유효하다.

(7) 국가조약 효력발생과 함께 제6항에 의거하여 늦어도 1991년 12월 31일까지 제1항부터 제6항까지는 그 효력을 상실한다.

제37조. 교육

(1) 동독 내에서 취득하거나 또는 국가가 공인한 학교교육, 직업교육 및 대학졸업 자격 또는 자격증은 이 조약 제3조에 명시된 지역 내에서 계속 유효하다. 이 조약 제3조에 명시된 지역 또는 서베를린을 포함한 서독의 다른 주들 내에서 시행된 시험이나 자격증들은 동등하게 취급되며, 가치가 동일한 권한을 부여받는다. 동등가치 인정은 신청에 의해 해당 관청의 확인으로 결정된다. 시험 또는 자격증 동등인정에 관해서는 연방정부와 유럽공동체의 법률적인 규정 및 조약 내의 특별규정이 우선 적용된다. 국가로부터 취득하였거나 국가가 공인하는 또는 수여받은 대학 직업 명칭과 등급 및 학위의 사용 권리는 유효하다.

(2) 교사 자격시험에는 문교장관 회의(kMK)에서 인정하는 절차가 적용된다. 문교장관 회의는 이에 상응하는 과도규정을 제정한다.

(3) 직업교육을 받아야 하는 직업조직, 전문근로자 직업조직, 직업교육을 받아야 할 직업으로 인정된 직업자격증 시험과 장인자격 시험의 시험성적 증명서는 동등한 것으로 본다.

(4) 이 조약 제3조에 언급된 지역의 학제 변경에 요청되는 규정들은 이 조약 제1조에 언급된 주들에 의해 결정된다. 학위 인정을 위한 필요규정들은 문교장관 회의에서 합의한다. 상기 두

경우는 함부르그 협정과 문교장관 회의에서 추가 합의사항을 그 기초로 한다.

(5) 졸업 이전에 정학하는 학생들은 졸업시험 규정에 관한 일반규정(ABD) 제7조의 기본원칙 또는 국가고시 허가적용 규정에 의해 그때까지의 학점 및 평가 기록을 인정받는다.

(6) 동독의 기술 및 전문학교 졸업자의 대학진학 자격은 1990년 5월 10일 문교장관회의 결정과 그 부록 B에 의해 인정된다. 학교 및 대학 졸업 후의 상급직업 교육을 위한 전문학교 졸업, 대학졸업의 인정과 관계된 기타 원칙과 절차는 문교장관 화의에 의해 마련된다.

제38조. 학술 및 연구

(1) 통일 독일에서 학문과 연구는 국가와 사회의 중요한 토대가 된다. 이 조약 제3조에 언급된 지역의 능력있는 기관을 보존한다는 방침 하에 학문과 연구의 필수적 개혁에는 공공기관에 대한 학술심의회에 의한 전문보고서가 중요하다. 이 작업은 1991년 12월 31일까지 종결될 것이며, 종결이전에 단계적으로 시행된 개별 평가결과를 기초로 한다. 후속 규정은 이 보고서의 준비를 가능케 하며, 이 조약 제3조에 언급된 지역의 학문과 연구가 독일연방공화국의 공동연구 체제로 전환됨을 보장

한다.

(2) 편입 발효와 동시에 동독의 과학아카데미는 학회로서 연구단체나 기타 기관으로부터 구분된다. 동독의 과학아카데미 학회가 어떤 형식으로 존속되어야 할 것인가의 문제는 주법으로 결정한다. 연구단체와 기타 기관은 1990년 12월 31일까지는 이 조약 제3조에 언급된 지역들의 기관으로서 폐지되거나 변형되지 아니하는 한 지속적으로 존재한다. 이를 위한 재원은 1991년도에 연방정부와 이 조약 제1조에 언급된 주들로부터 마련된다.

(3) 연구협회와 기타 동독의 과학아카데미 기관 고용원들의 노사관계는 1991년 12월 31일까지 각 기관을 이양받은 주정부와 시한부 고용관계로서 지속된다. 본 조약 부록 I 에 기록된 법률요건에 의해 정상적 또는 비정상적으로 노사관계를 해약시킬 수 있는 권리는 불변한다.

(4) 동독의 건축아카데미와 농업아카데미 및 식량·토지·삼림부 소속 기관은 제1항부터 제3항까지의 내용이 적용된다.

(5) 연방정부는 주정부와 교섭을 할 때, 기본법 제91조에 의거하여 교육계획 및 기관의 장려조치, 학문연구 추진이 지역성을 탈피하여 이 조약 제3조에 언급된 지역까지 확대되도록 연방과 주정부 간의 협상을 조정하고 체결한다.

(6) 연방정부는 서독 연구기관에 의해 확정된 연구방법과 프로그램이 가능한 한 신속히 전 연방에 적용되도록, 그리고 제3조에 명시된 지역 내 학자들과 학문기관이 현행 연구장려 조치를 받도록 노력한다. 연구와 개발장려 조치는 서독 내에서 그 시행기간이 종료되었을지라도 제3조에 명시된 지역을 위하여 재개되어야 한다. 과세조치는 여기서 제외된다.

(7) 편입 발효와 동시에 동독의 연구심의회는 해체된다.

제39조. 체육

(1) 이 조약 제3조에 언급된 지역 내에서의 제반 체육기구는 자치체제(Selbstverwaltung)로 개편된다. 공공기관들은 기본법에 의한 배분에 따라 체육을 정신적 물질적으로 육성한다.

(2) 이 조약 제3조에 언급된 지역 내에서의 우수경기 종목은 장래성이 입증되었을 경우에만 육성된다. 이를 위한 제3조에 언급된 지역 내 공공기관의 재정대책은 기존 연방 독일의 법령과 기본원칙들의 적용을 받는다. 이 법적 테두리 내에서 라이프치히 소재 신체단련 및 체육 연구기관(FKS), 크라이솨(드레스덴시 근교) 소재 국제 올림픽위원회 인정 약물복용 감독기관과 동베를린 소재 체육용구연구 및 개발부서는 각기 적정 법률형식을 갖추어 필요 규모 내에서 동독 단일기구로 지속 운영되거나 기존

기구들과 통합된다.

(3) 1992년 12월 31일까지의 과도기간 동안 장애자 체육은 연방
의 지원을 받는다.

제Ⅶ장

제40조. 조약과 협정

(1) 1990년 5월 18일에 체결된 독일연방공화국과 독일민주공화국
간의 화폐·경제·사회통합 조약이 담고 있는 의무조항들은, 이
들이 본 조약과 상이하다고 인정되지 아니하거나 또는 상이점
에 관한 협정사항들이 통독과정 중 의미를 상실하게 될 경우
계속 유효하다.

(2) 독일연방공화국 혹은 연방주들과 독일민주공화국 간에 체결된
기타 제반조약과 협정이 명시하는 권리와 의무사항은 통독절차
가 진행되는 동안 변동 사항이 없을 경우 양국 통합 법률기관
에 의해 인수되거나 적응대책이 마련되거나 직접 해결된다.

제41조. 재산문제에 대한 규정

(1) 1990년 6월 15일 양독정부 공동성명서 내용이 재산문제 공개

규정(부록Ⅲ)에 대한 본 조약의 토대가 된다.

(2) 특정 토지나 건물에 긴급한 구체적인 목적이 존재하고, 특히 기업체의 설정에 기여한 이러한 투자결정의 시행이 국민경제적 차원에서, 특히 노동력을 확보하고 창출하는 데 필요하다고 판단될 때에는 특별법규정에 따라 해당 토지나 건물의 소유권 반환은 이루어지지 않는다. 이 경우 투자자는 투자내역 요지를 명시한 계획서를 제출해야 하며 계획의 실제 이행은 반드시 이에 바탕을 두어야 한다. 이 법률에서 과거 소유자의 보상 문제에 대하여 규정할 수 있다.

(3) 독일연방공화국은 제1항에 제기한 공동성명에 위배되는 여타 법규를 제정할 수 없다.

제42조. 의원 파견

(1) 동독의 편입 전까지 동독인민의회는 제11대 독일연방의회로 보낼 144인의 의원과 충분한 후보의원을 선출한다. 관련 제안은 동독의회 소속정당과 단체들에 의해 행해진다.

(2) 선출된 의원은 동독인민의회 의장에게 수락선서를 하여 제11대 연방의회의 의원권을 취득하는데, 이는 편입의 발효와 더불어 비로소 유효하다. 동독의회 의장은 선출결과와 수락선언문을 동봉하여 즉각 연방의회 의장에게 전달한다.

(3) 제11대 연방의회 의원 피선거권과 이의 상실은 1975년 9월 1일에 공포되고 1990년 8월 29일에 최종 개정된 연방선거법(연방관보 제Ⅱ부, 1990, 813면) 규정의 적용을 받는다. 한 의원이 탈락될 경우, 이 의석은 최우선 후보의원에 의해 채워진다. 이 후보는 탈락된 자가 파견의원으로 선출될 때 정당 출신이어야 한다. 편입완료 전까지의 보충후보자 선정은 동독인민의회 의장에 의해 일차적으로 결정된 다음 독일연방의회 의장에 의해 최종 결정된다.

제43조. 주정부 구성시까지의 연방상원위원회 관련 임시규정

본 조약 제1조 제1항에 언급된 주들의 구성에서 주 수상(Ministerpraesident) 선출시까지는 주 전권대표가 연방상원위원회에 참석한다.

제44조. 법률보전(Rechtswahrung)

독일 민주공화국 혹은 제1조에 언급된 주들을 위하여 본 조약이 명시하는 법률은 편입 완료 후 이들 각 주에 의하여 시행될 수 있다.

제45조. 조약발효

(1) 본 조약은 첨부 의정서(Protokoll)와 3개의 부록을 포함하여, 발

효에 따른 양국 간 필수 전체 사항들이 성취되었다고 독일연방공화국과 독일민주공화국 정부가 상호 통지를 하는 날로부터 발효된다.

(2) 본 조약은 편입 완료 후 연방법규에 해당되는 법률(als Bundesrechtgeltendes Recht)로 존속한다.

1990년 8월 31일 베를린에서 2부의 독일어 원문으로 체결됨.

독일연방공화국을 대리하여   독일민주공화국을 대리하여

Dr. Wolfgang Schaeuble   Dr. Guenther Krause

박태준미래전략연구총서 3

한국 행정관료의 혁신과 통일 준비

발행일	2016년 2월 25일
펴낸이	김재범
펴낸곳	(주)아시아
지은이	박길성, 이종수, 정창화
엮은이	포스텍 박태준미래전략연구소
편집	김형욱, 윤단비
관리	박신영
출판등록	2006년 1월 27일 제406-2006-000004호
인쇄	AP프린팅
제책	대원바인더리
종이	한솔 PNS
디자인	나루기획

전화	02-821-5055
팩스	02-821-5057
주소	경기도 파주시 회동길 445(서울 사무소: 서울시 동작구 서달로 161-1 3층)
이메일	bookasia@hanmail.net
홈페이지	www.bookasia.org

ISBN	979-11-5662-188-1 94080
	979-11-5662-119-5 (set)